Karte 1

Situationsplan von Coeln und Deutz. 1873.
Eintragung der Festungswerke, der Rayongrenzen und Grünflächen des Stadtgebietes.
(HAStK Plan 1/910)

Renvoi.

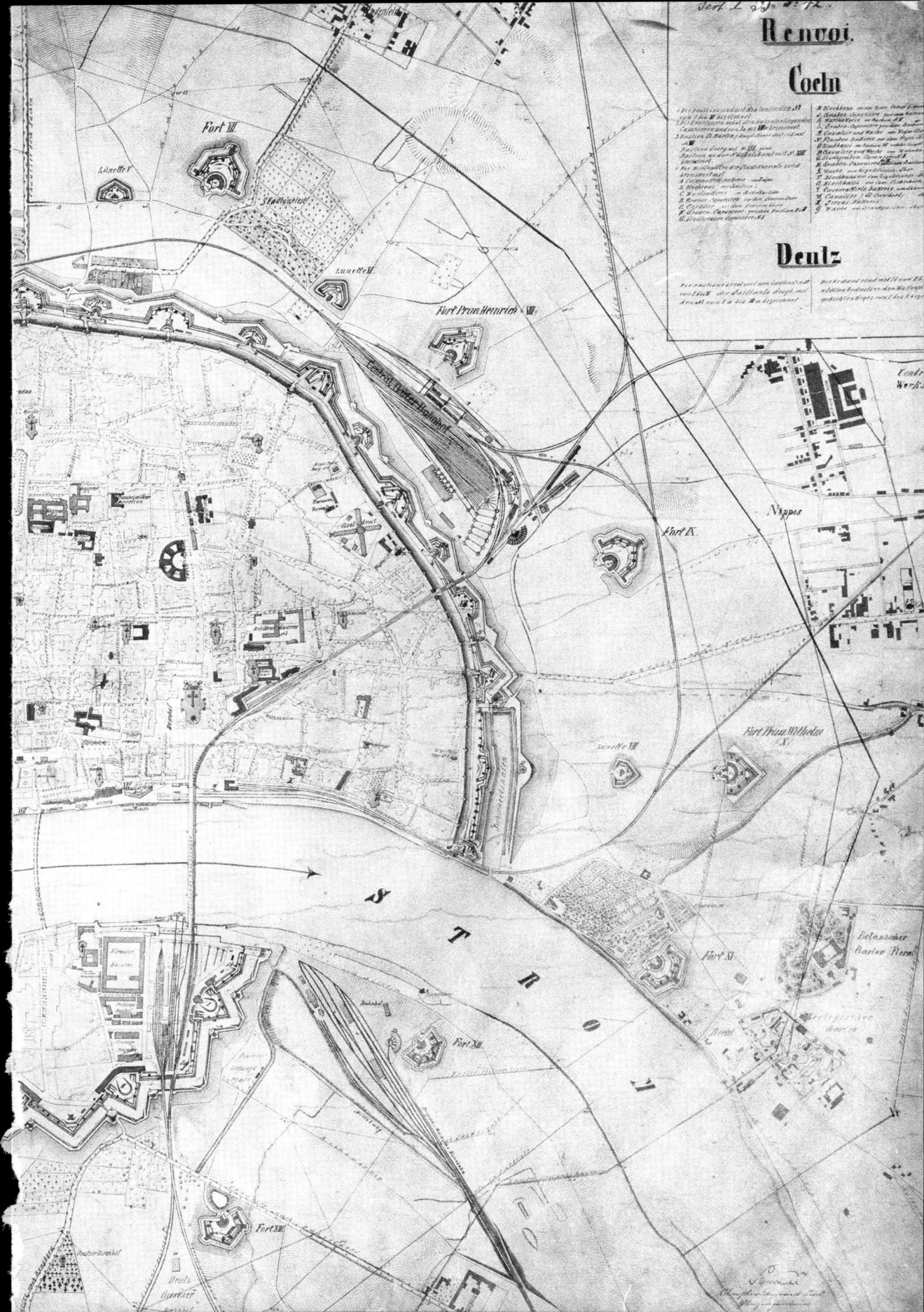

Coeln

Deutz

SITUATIONS PLAN von CÖLN & DEUTZ

Karte 2

Plan zur Erweiterung der Stadt Köln. Wettbewerbsentwurf von L. Arntz vom 1. 8. 1880.
Anstelle der mittelalterlichen Stadtmauer zieht sich ein schmales grünes Band um die Stadt Köln, und über die Neustadt verteilen sich einzelne Grünflächen.
(Stadtkonservator)

„Alaaf!"

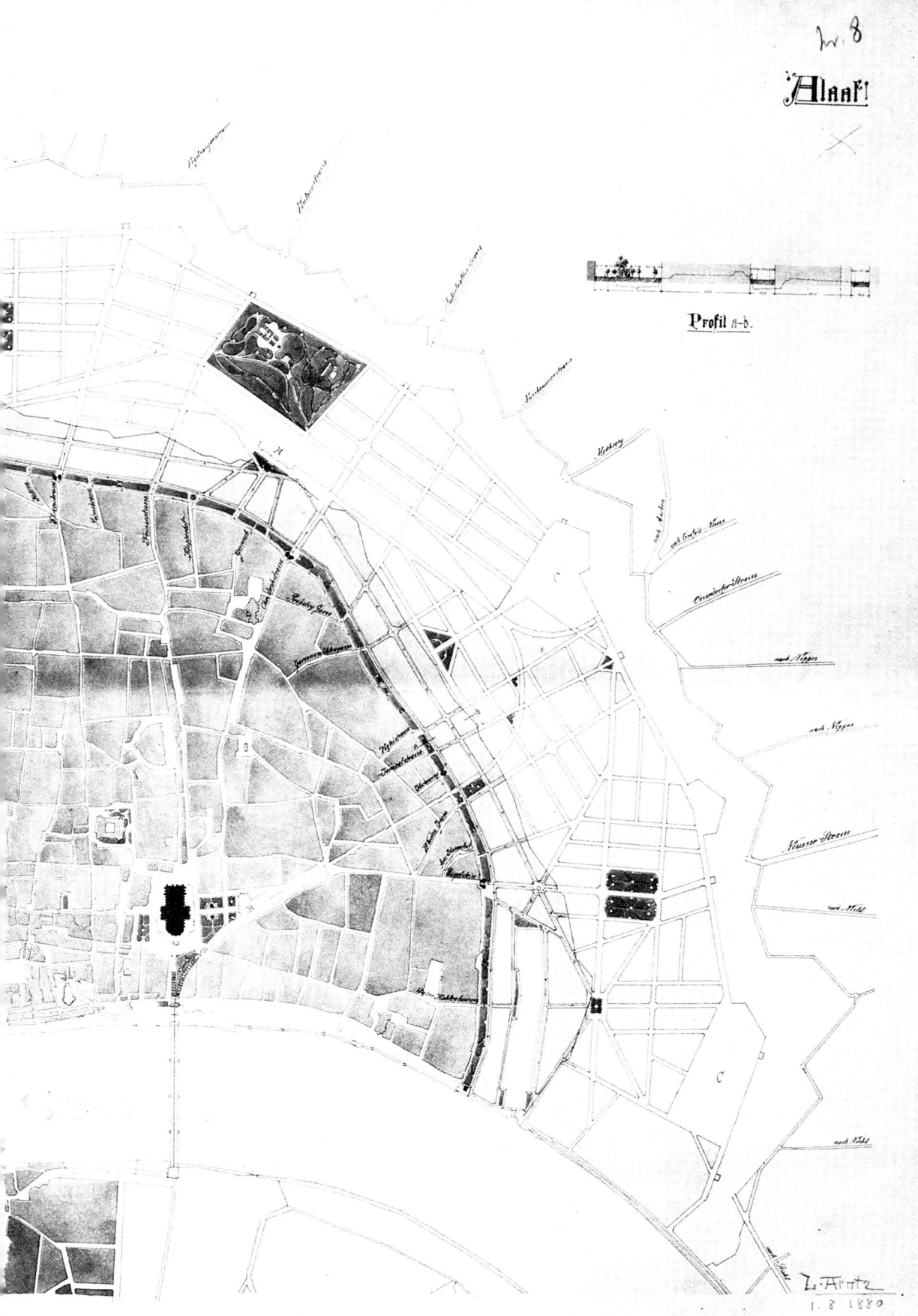

Profil a-b.

L. Arntz
1.8.1880

Plan zur Erweiterung der Stadt Köln.

Karte 3

Berichtigung zur Kartenbeilage „Die Kölner Grünanlagen"

Für die eingeheftete Karte 3 wurde durch ein technisches Versehen eine falsche Vorlage verwendet.
Sie ist durch diese Karte zu ersetzen.

Lageplan und Querprofile der Ringstraßen zu Köln von H. J. Stübben.
(Repro. aus J. Stübben: Der Stadtplan und die Stadterweiterung, in: Köln und seine Bauten. 1888. Faltkarte nach S. 258)

Maasstäbe für den Lageplan

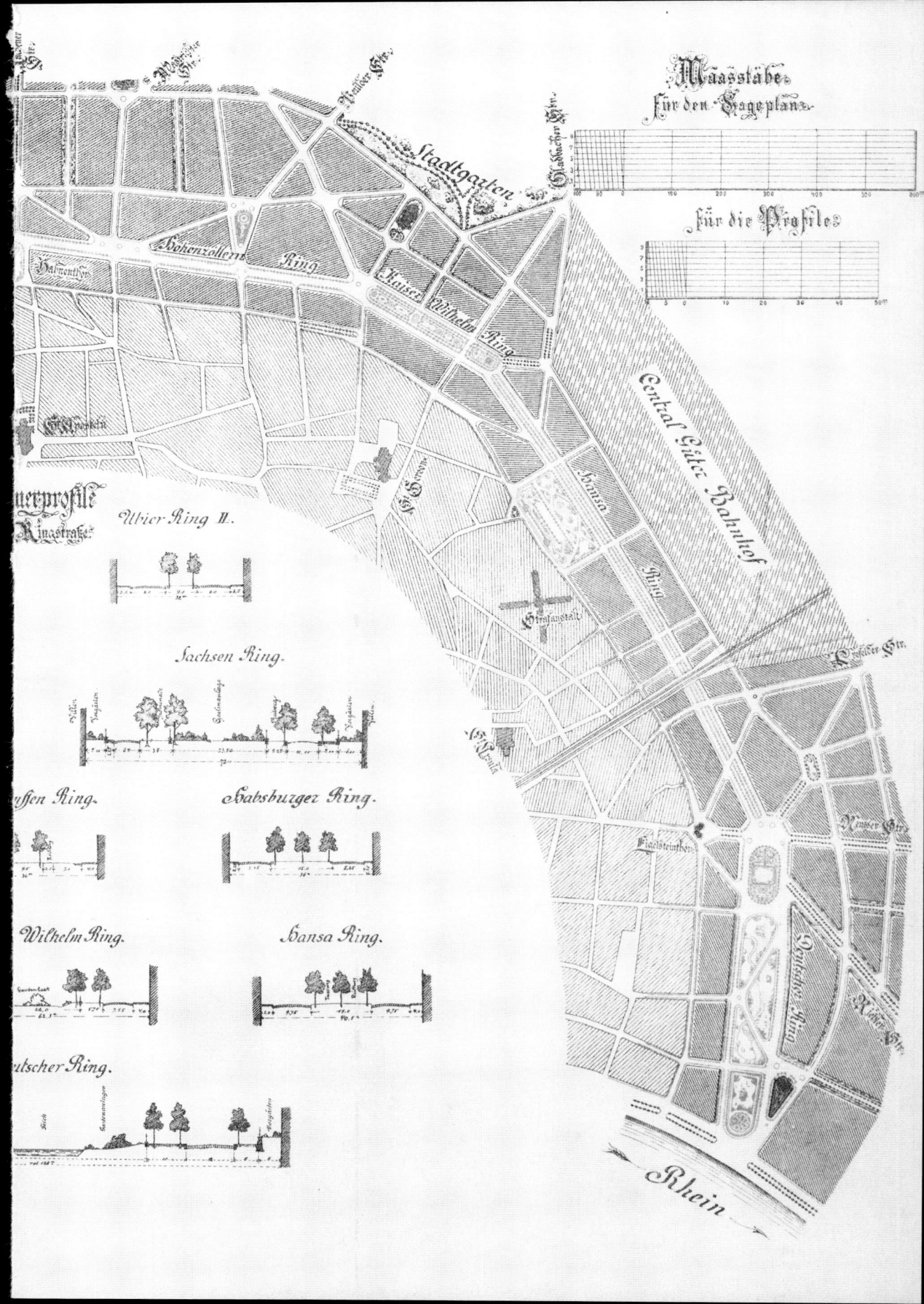

für die Profiles

Stadtgarten

Hohenzollern Ring

Kaiser Wilhelm Ring

Central Güter Bahnhof

Rhein

Querprofile Ringstrasse

- Ubier Ring II.
- Sachsen Ring.
- ...ssen Ring.
- Habsburger Ring.
- Wilhelm Ring.
- Hansa Ring.
- ...tscher Ring.

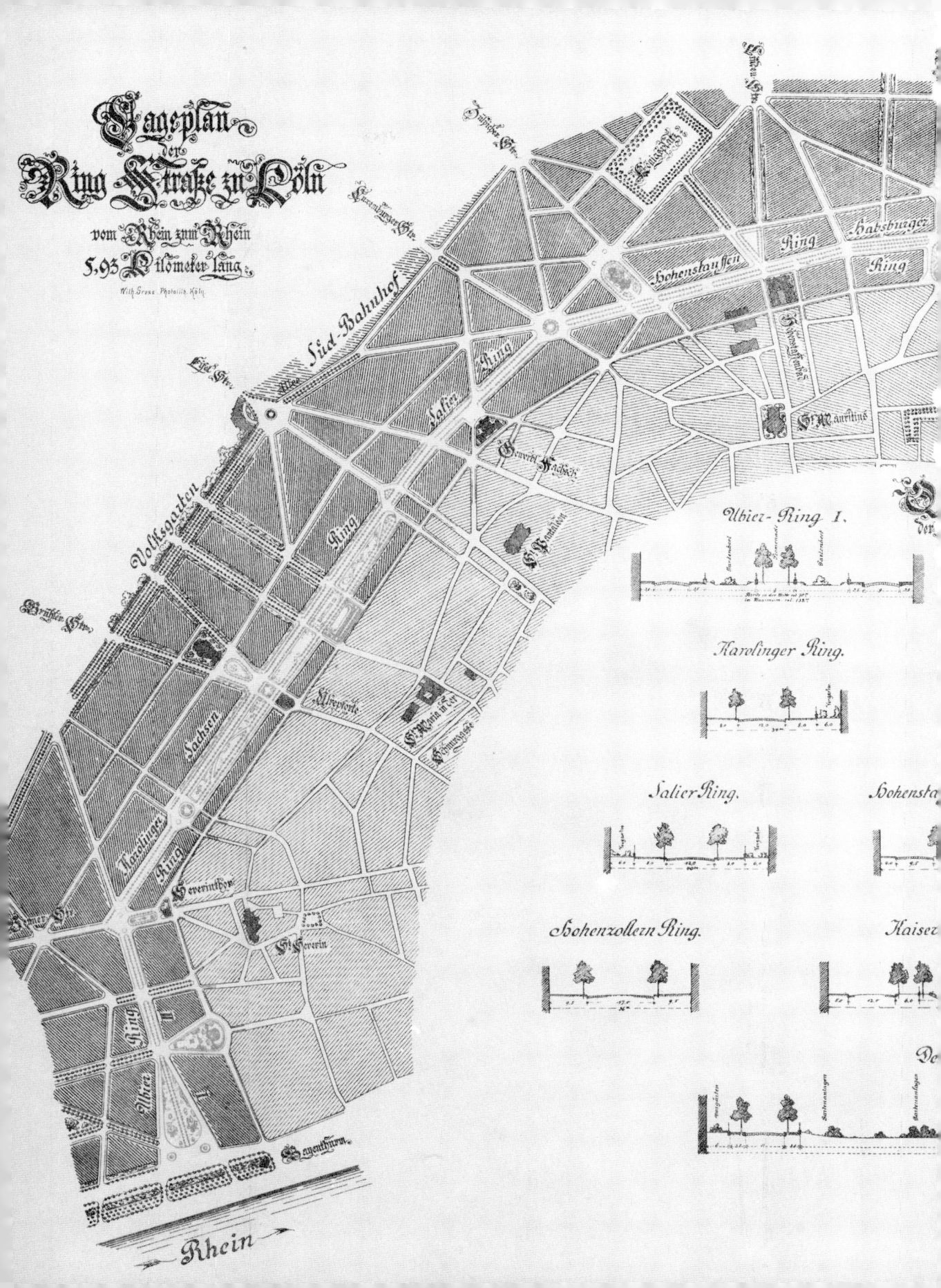

Lageplan der Ring-Straße zu Cöln

vom Rhein zum Rhein
5,93 Kilometer lang.

Wilh. Greve, Photolith. Köln.

Ubier-Ring I.

Karolinger Ring.

Salier Ring.

Hohenstaufen

Hohenzollern Ring.

Kaiser

Karte 4

Bebauungsplan für das zweite neuzeitliche Stadterweiterungsgebiet in Köln von K. Rehorst um 1914. Anzahl der Stockwerke.
(Repro aus Gerhard, P.: Die Entstehung der städtebaulichen Frage in unseren Großstädten und die Mittel ihrer Lösung, vor allem in Köln. MS Diss. 1923. Kartographische Überarbeitung C. Zingsheim. 1979)

Farbenerklärung.

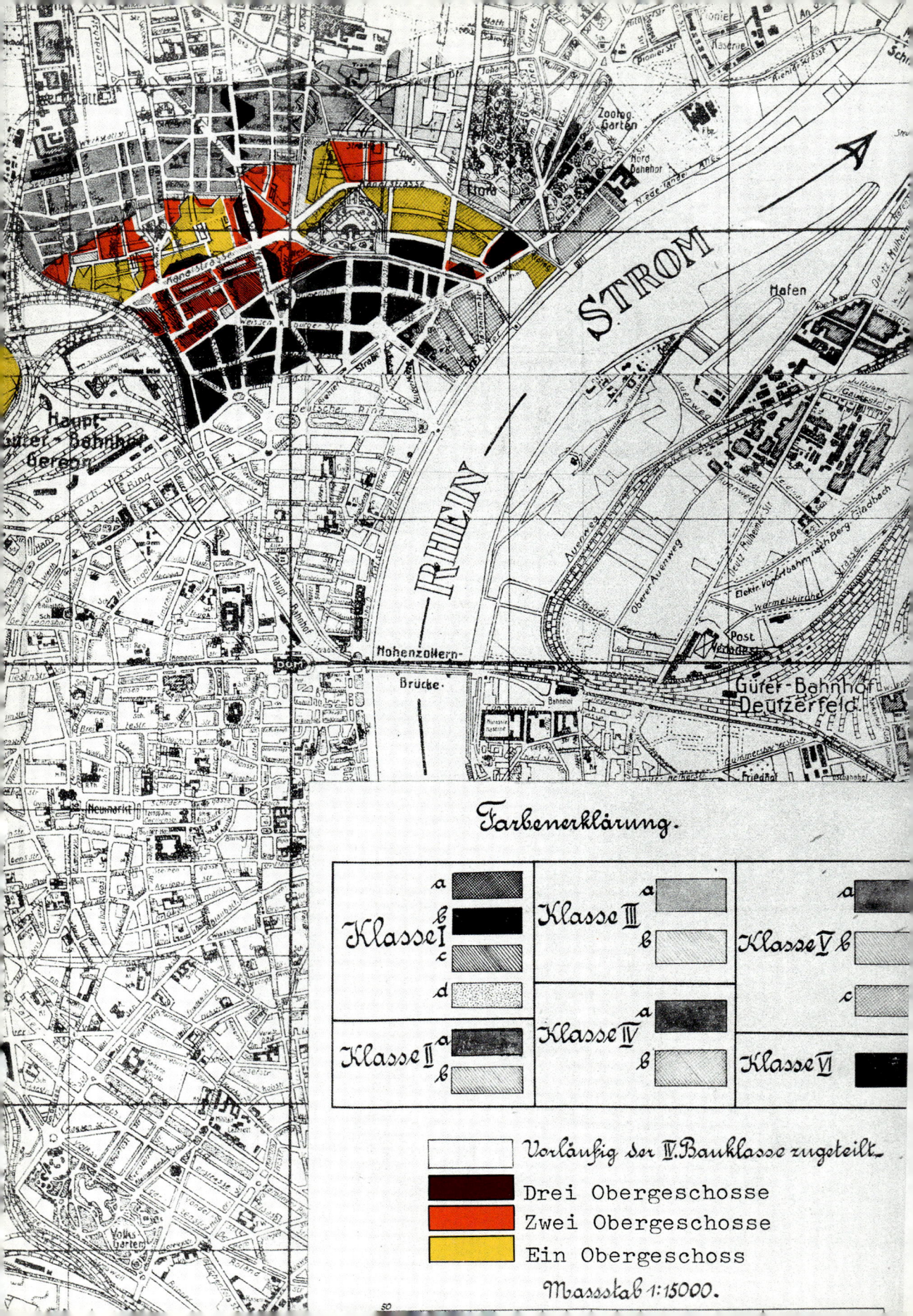

Klasse I	a, b, c, d
Klasse II	a, b
Klasse III	a, b
Klasse IV	a, b
Klasse V	a, b, c
Klasse VI	

- ☐ Vorläufig der IV. Bauklasse zugeteilt
- ■ Drei Obergeschosse
- ■ Zwei Obergeschosse
- ■ Ein Obergeschoss

Massstab 1:15000.

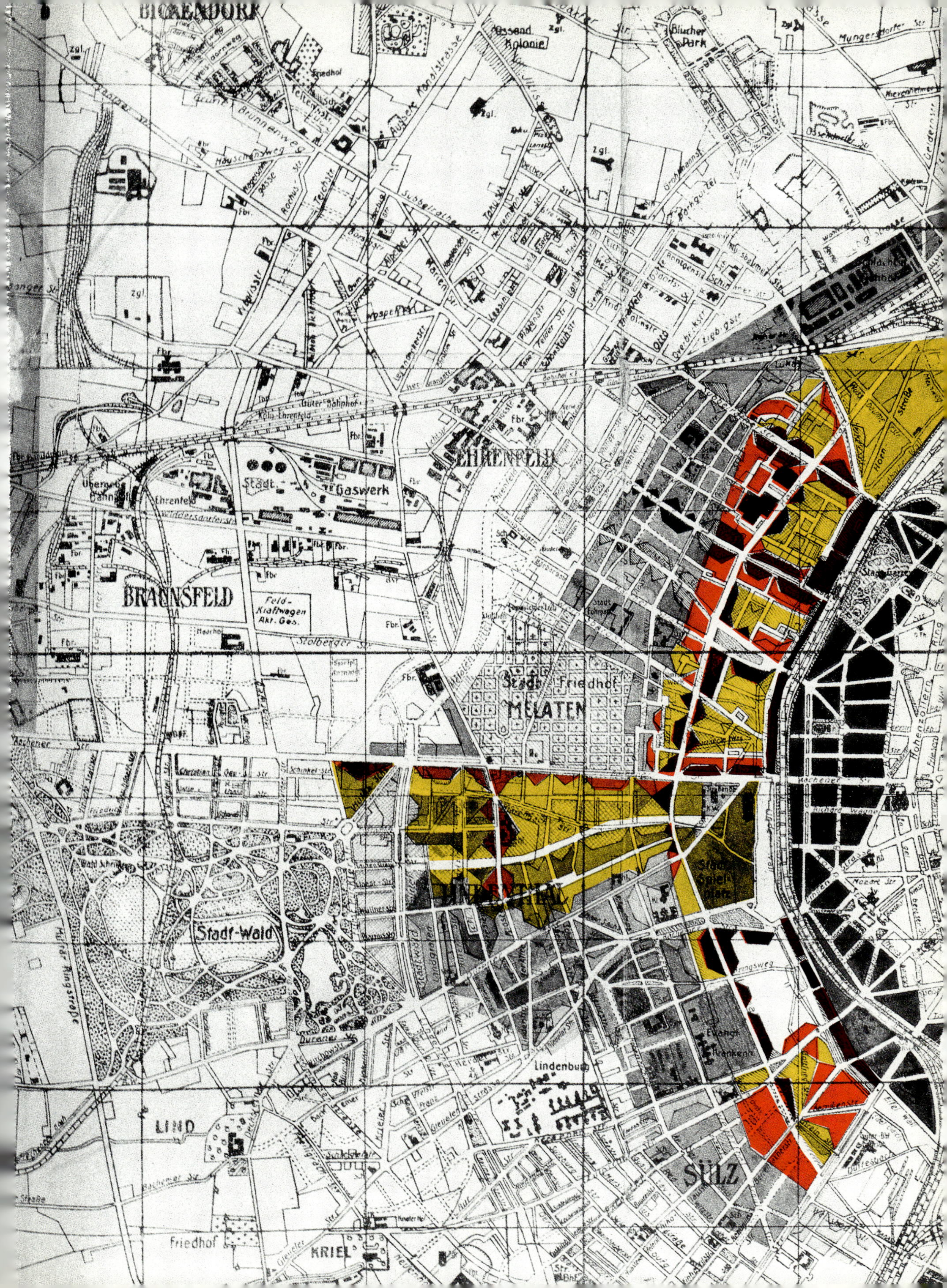
BICKENDORF
Blücher Park
EHRENFELD
Stadt. Gaswerk
BRAUNSFELD
Stadt. Friedhof
MELATEN
Stadt-Wald
Stadt. Spielplatz
Lindenburg
LIND
SÜLZ
KRIEL
Friedhof
Aachener Str.
Stolberger Str.

Karte 5

Bebauungsplan für das zweite neuzeitliche Stadterweiterungsgebiet in Köln von K. Rehorst um 1914. Bebauungsweise.
(Repro. aus Gerhard, P.: Die Entstehung der städtebaulichen Frage in unsren Großstädten und die Mittel ihrer Lösung, vor allem in Köln. MS Diss. 1923. Kartographische Überarbeitung C. Zingsheim. 1979)

Farbenerklärung.

Klasse I
- a
- b
- c
- d

Klasse II
- a
- b

Klasse III
- a
- b

Klasse IV
- a
- b

Klasse V
- a
- b
- c

Klasse VI

- Vorläufig der IV. Bauklasse zugeteilt
- Gruppenbebauungsweise
- Offene Bebauungsweise
- Grünflächen
- Geschlossene Bebauungsweise

Massstab 1:15000.

BICKENDORF
Ossend. Kolonie
Blücher Park
EHRENFELD
Städt. Gaswerk
BRAUNSFELD
Feld-Kraftwagen Akt. Ges.
Stolberger Str.
Städt. Friedhof MELATEN
Stadt-Wald
Städt. Spielplatz
Lindenburg
LIND
SÜLZ
Friedhof
KRIEL
Aachener Str.
Dürener Str.

Karte 6

Wettbewerbsentwurf für das Umlegungsgebiet in Köln von A. Stooß. 1919.
(Repro. aus Stübben, J.: Bebauungsplan für den Rayon der Stadtumwallung in Köln, in: Zentralblatt der Bauverwaltung. Jg. 40. 1920. S. 352)

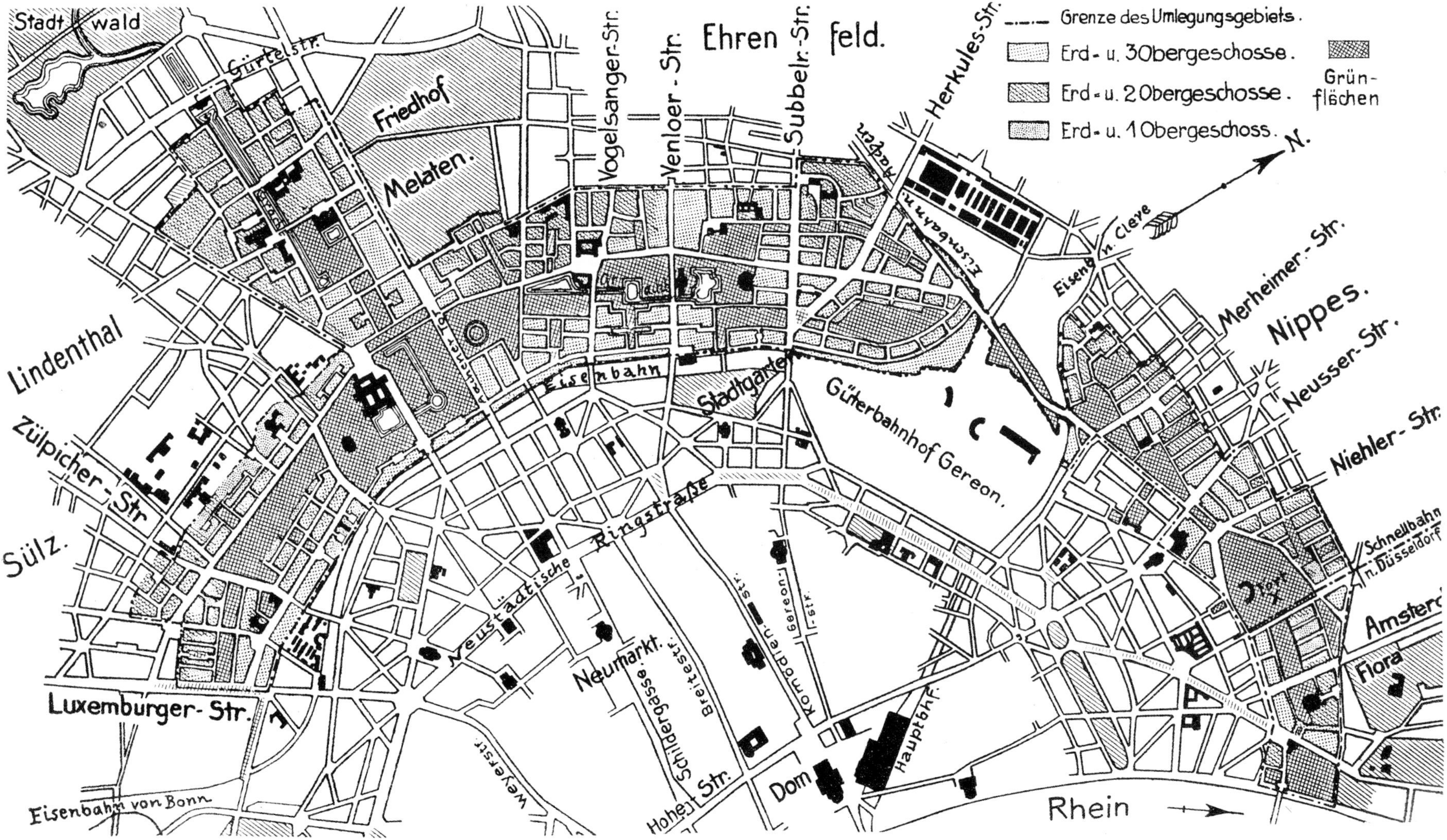
Grenze des Umlegungsgebiets.
Erd- u. 3 Obergeschosse.
Erd- u. 2 Obergeschosse.
Erd- u. 1 Obergeschoss.
Grünflächen
N.
Stadtwald
Gürtelstr.
Friedhof
Melaten.
Vogelsanger-Str.
Venloer-Str.
Ehrenfeld.
Subbelr.-Str.
Herkules-Str.
Eisenbahn n. Aachen
Eisenb. n. Cleve
Merheimer-Str.
Nippes.
Neusser-Str.
Niehler-Str.
Schnellbahn n. Düsseldorf
Amsterd
Flora
Lindenthal
Zülpicher-Str
Sülz.
Luxemburger-Str.
Eisenbahn von Bonn
Weyerstr.
Aachener Tor
Eisenbahn
Stadtgarten
Güterbahnhof Gereon.
Ringstraße
Neustädtische
Neumarkt.
Schildergasse
Breitestr.
Hohe Str.
Komödien-Str.
Gereon-Str.
Dom
Hauptbhf.
Rhein

Karte 7

Detail aus dem Wettbewerbsentwurf für das Umlegungsgebiet in Köln von A. Stooß. 1919.
(Repro. aus Bebauungsplan für den Rayon der Stadtumwallung in Köln von J. Stübben, in: Zentralblatt der Bauverwaltung. Jg. 40. 1920. S. 353)

Abb. 5.

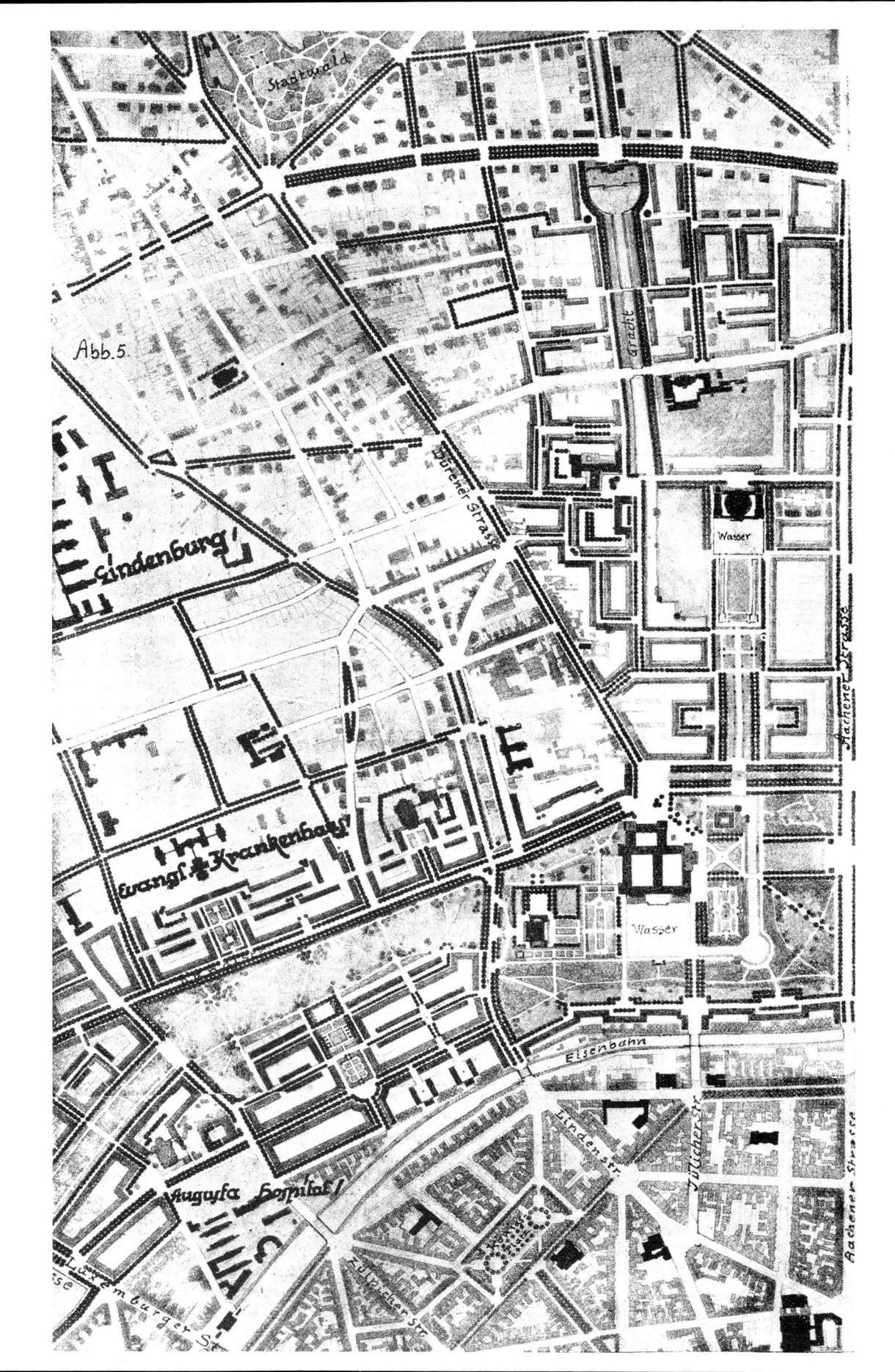

Karte 8

Wettbewerbsentwurf für das Umlegungsgebiet in Köln von H. Jansen. 1919.
(Repro. aus Gerhard, P.: Die Entstehung der städtebaulichen Frage in unseren Großstädten und die Mittel ihrer Lösung, vor allem in Köln. MS Diss. 1923)

CÖLN a/RH
RAYONERSCHLIESSUNG

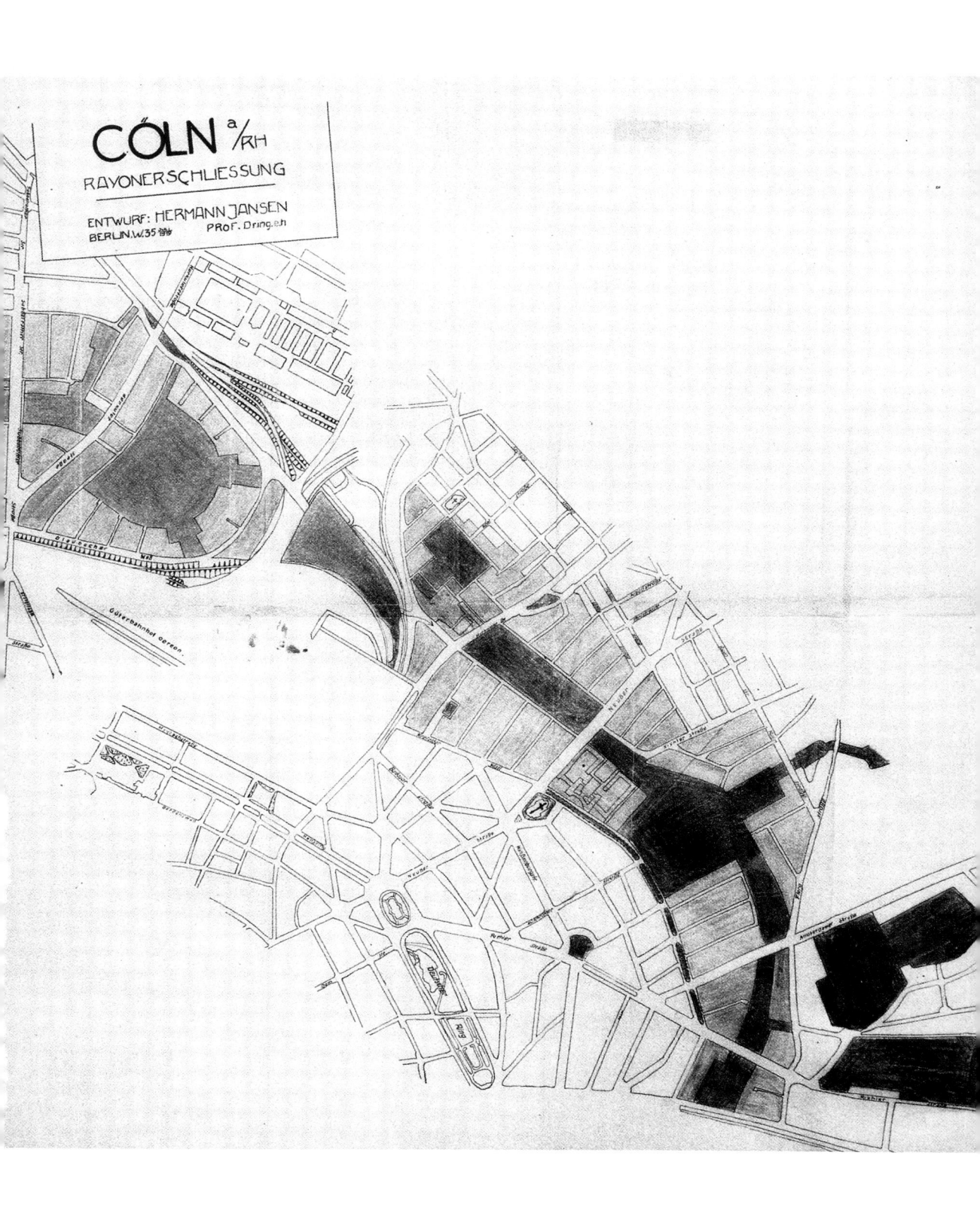

ENTWURF: HERMANN JANSEN
BERLIN. W.35   PRof. Dr.ing.e.h

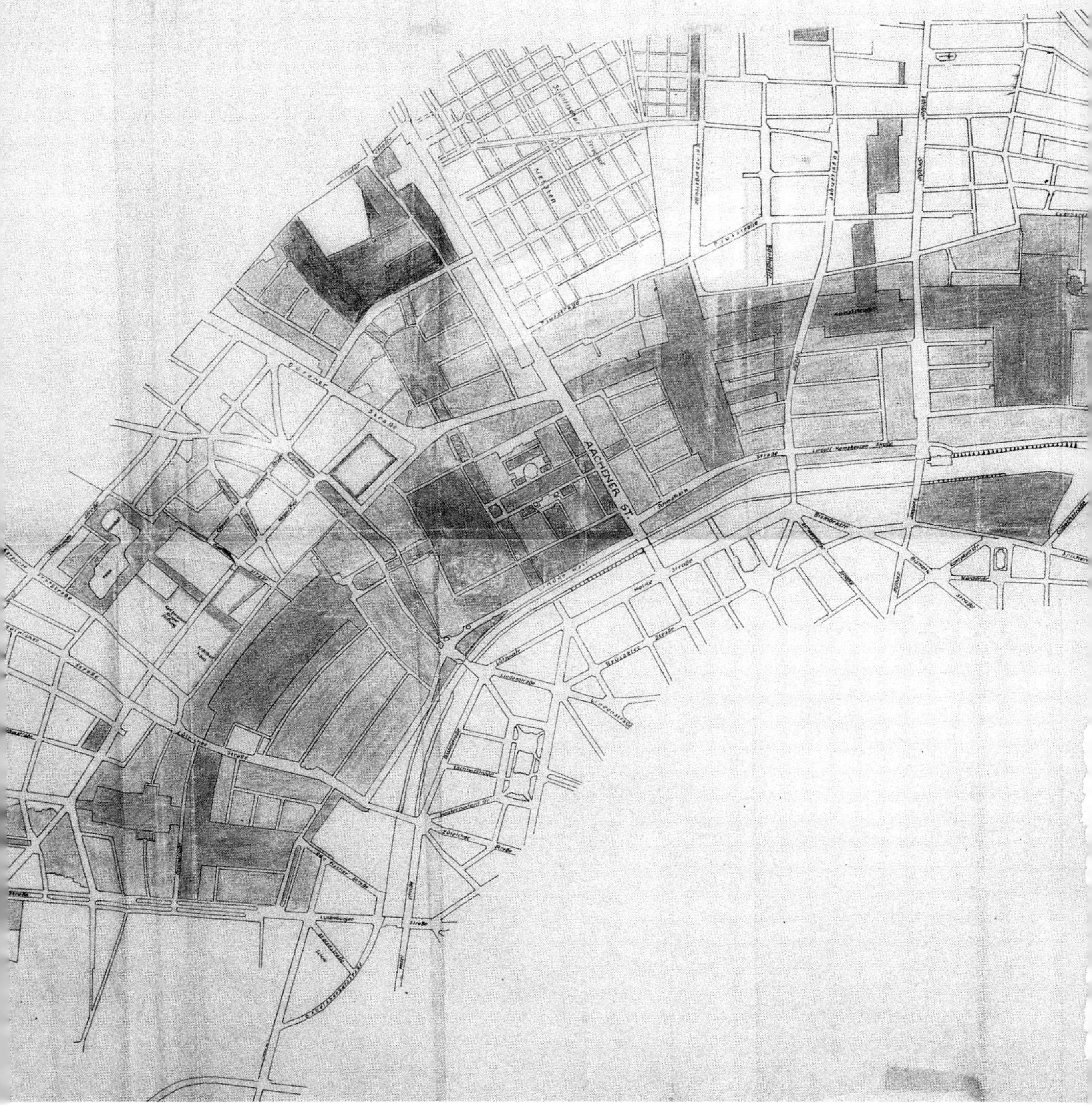
AACHENER ST

Karte 9

Plan für das Umlegungsgebiet des ehemaligen Festungsrayons der Stadt Köln. Wettbewerbsentwurf von F. Schumacher. 1919.
(Repro. aus Stübben, J.: Bebauungsplan für den Rayon der Stadtumwallung in Köln, in: Zentralblatt der Bauverwaltung. Jg. 40. 1920. S. 350)

PLAN FÜR DAS UMLEGUNGSGEBIET
DES EHEMALIGEN FESTUNGSRAYONS
DER STADT KÖLN.

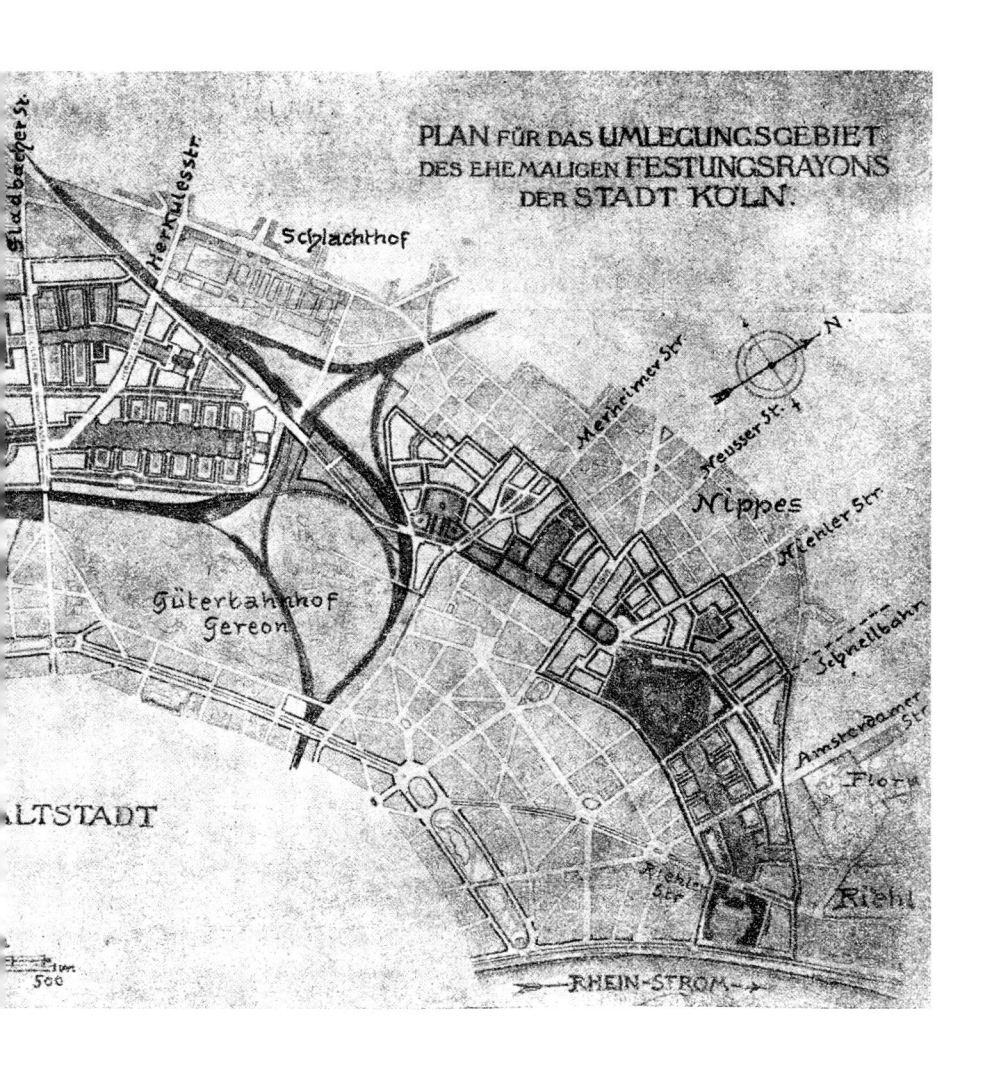

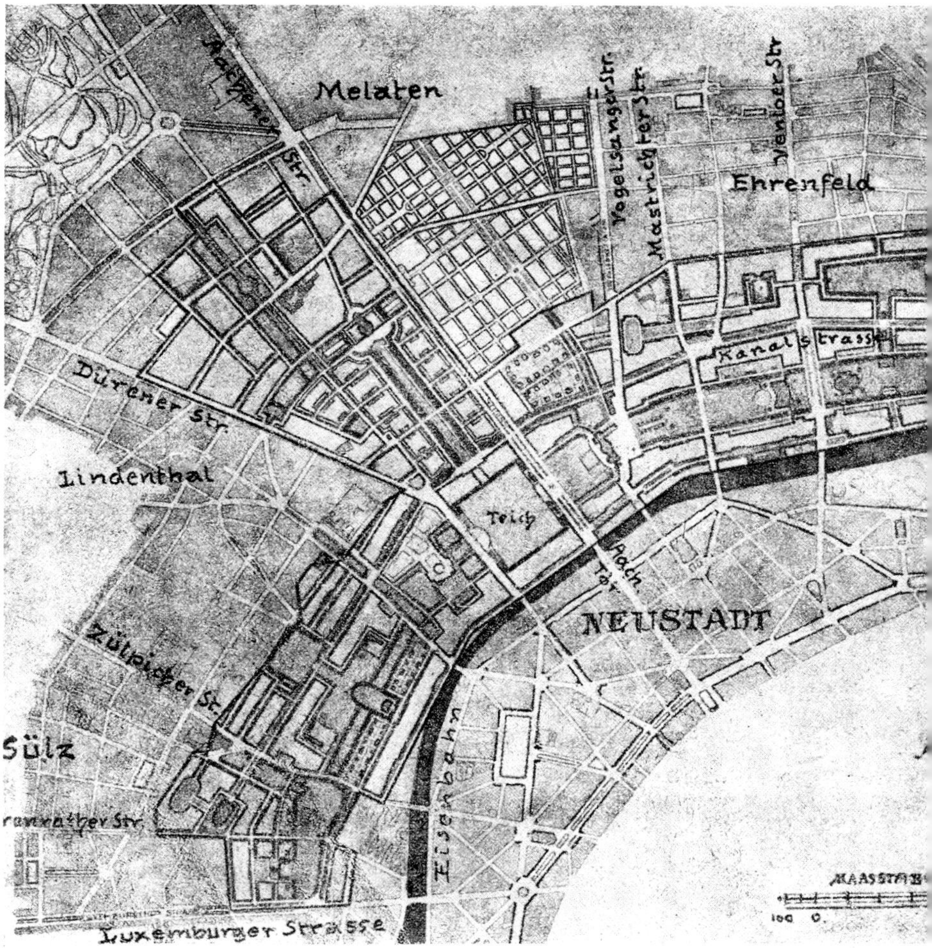
Melaten
Aachener Str.
Vogelsanger Str.
Mastrichter Str.
Venloer Str.
Ehrenfeld
Kanalstrasse
Dürener Str.
Lindenthal
Teich
NEUSTADT
Zülpicher Str.
Sülz
Eisenbahn
Luxemburger Strasse
MAASSTAB

Karte 10

Bebauungsplan für das Umlegungsgebiet in Köln von F. Schumacher. 1. 5. 1923.
(HAStK Plan 2/1030) Eintragung der öffentlichen Bauten, Zierflächen und Spielplätze nach Unterlagen des Stadtarchivs.
(HAStK Plan 2/1051/Blatt 4/5 und Plan 2/1046)

ZIERANLAGE
O SPIELPLATZ
▬ ÖFFENTL. BAUTEN

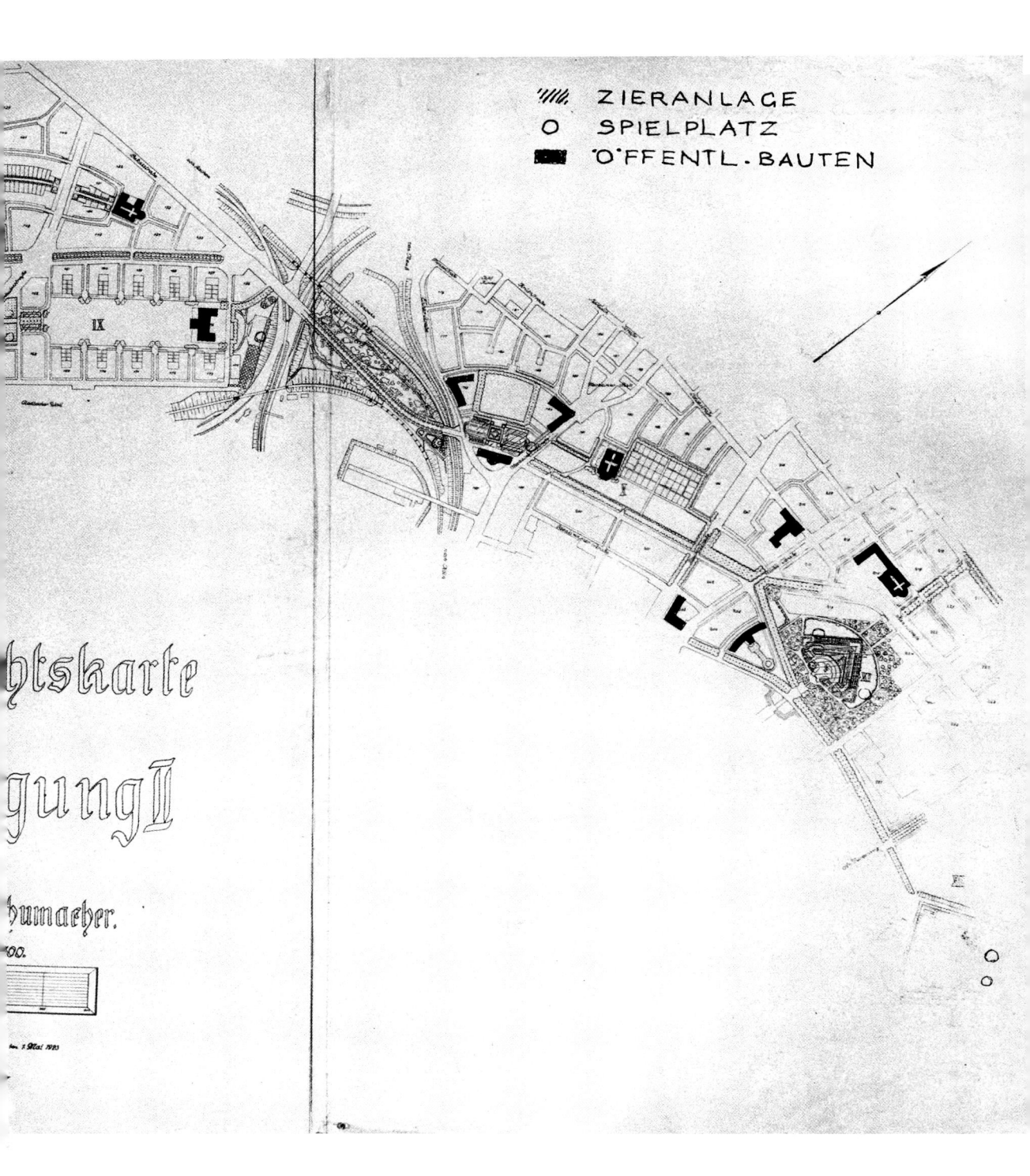

Übersic

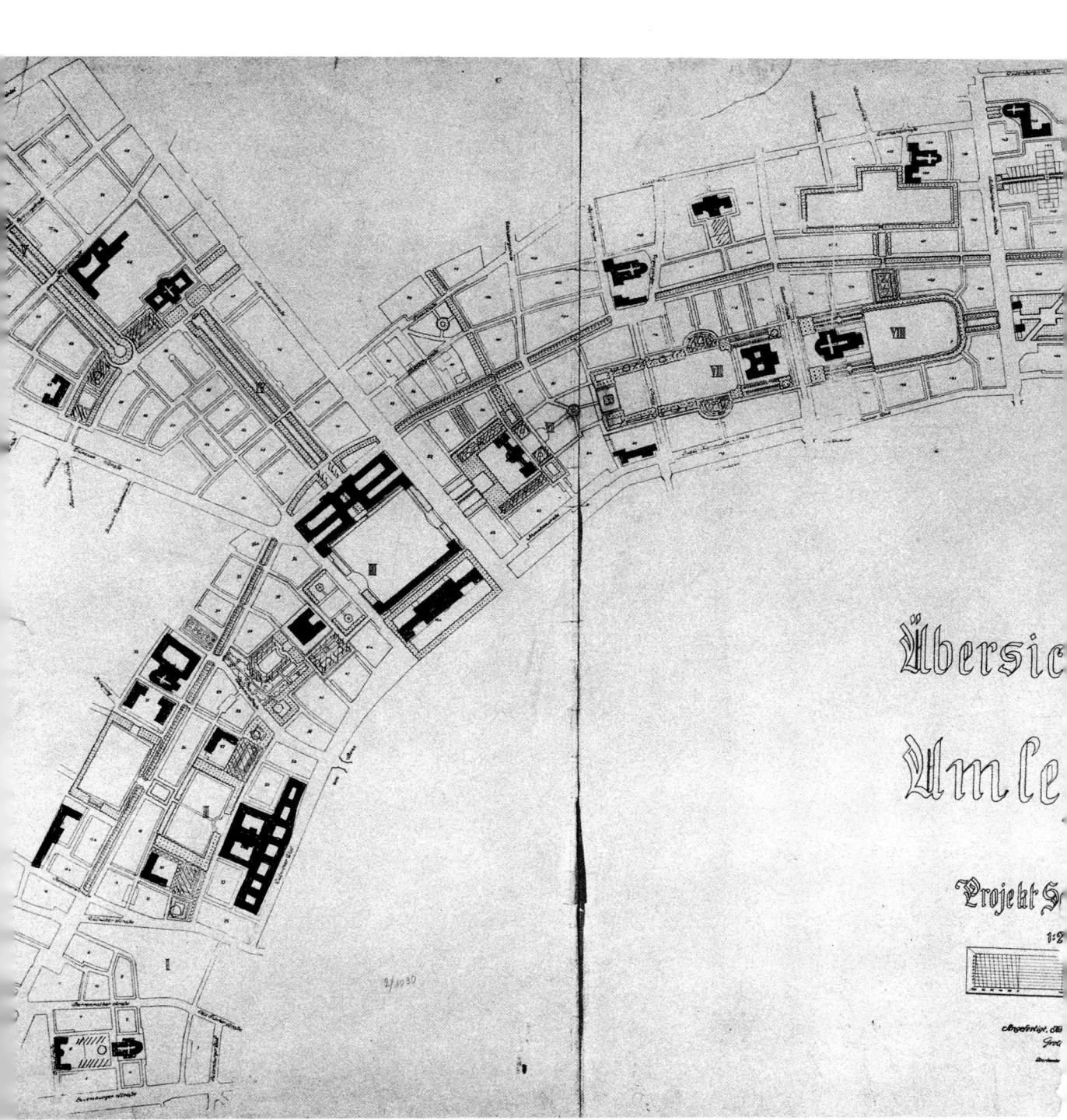

Um Le

Projekt S

1:2

Karte 11

Köln um 1918 mit Eintragung des inneren und äußeren Rayons bzw. den hier vorgesehenen Grünflächen und den geplanten radialen Grünzügen.
(Repro. aus Adenauer, K.: Eine Lebensfrage. Köln. 1920. Bild III)

Königs Forst

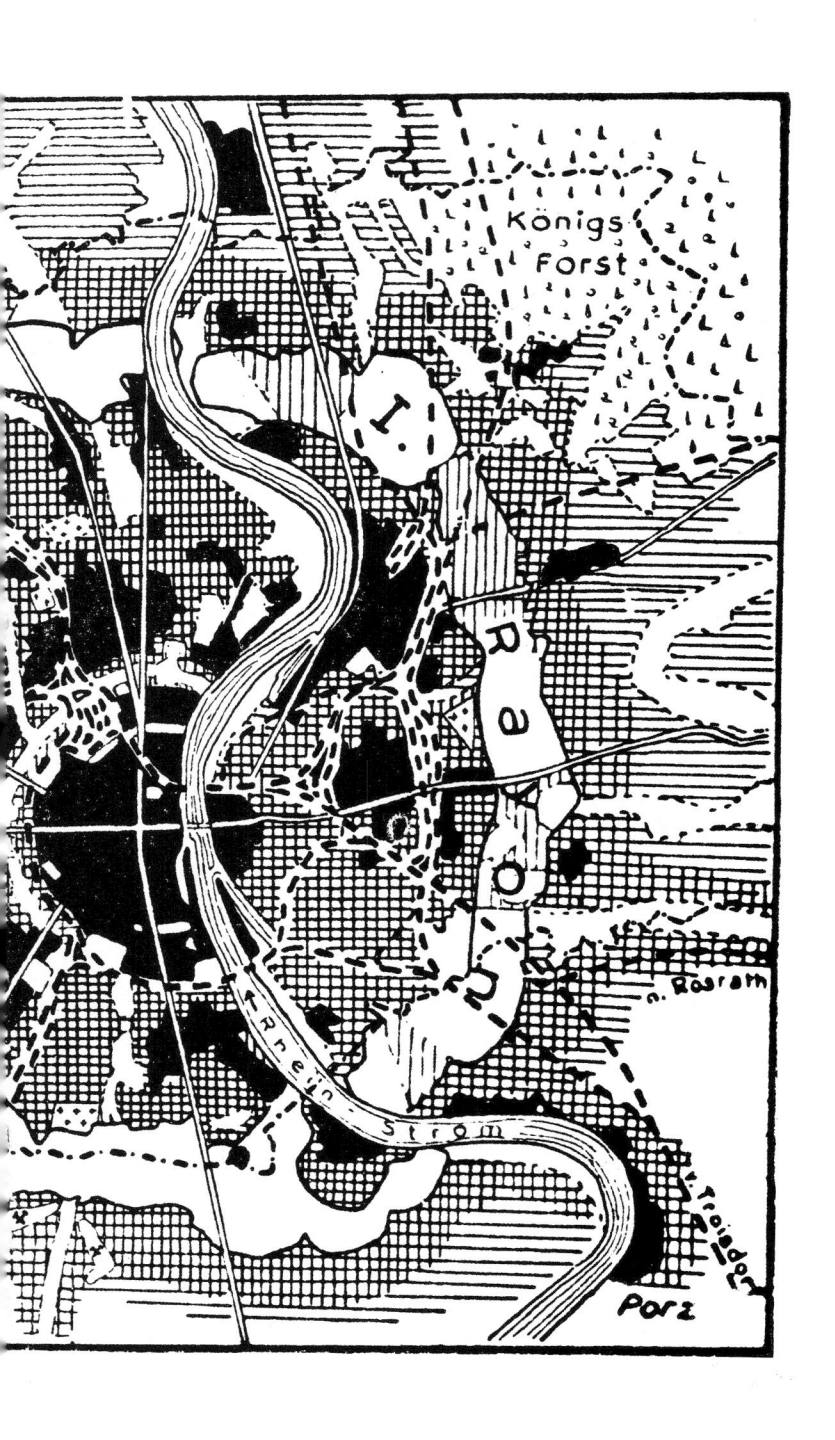

n. Rosrath

Rhein Strom

Troisdorf

Porz

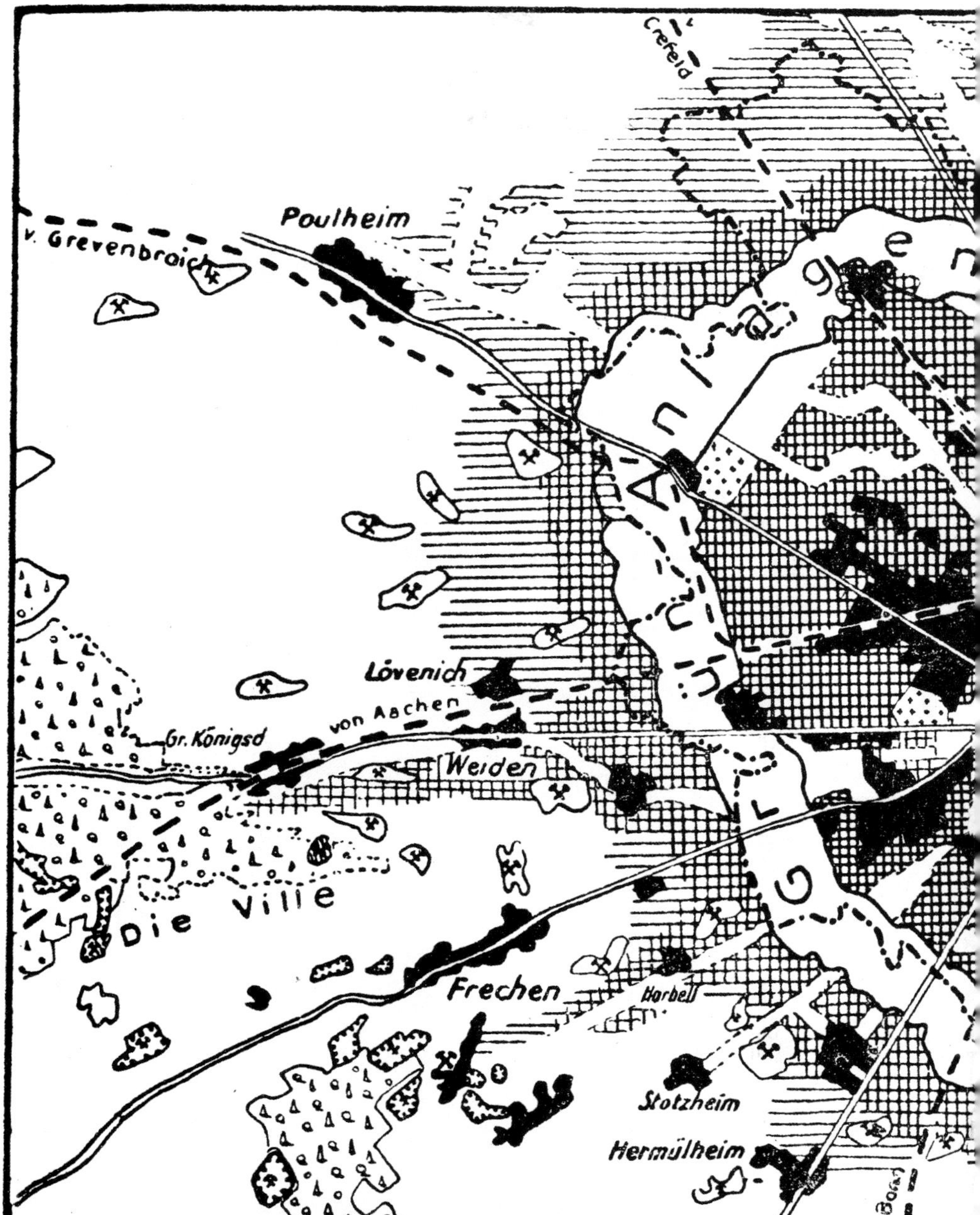
Crefeld
Poulheim
v. Grevenbroich
Lövenich
von Aachen
Gr. Königsd
Weiden
Die Ville
Frechen
Stotzheim
Hermülheim

Karte 12

Übersichtsplan Köln. Grünplanung von Köln von H. Jansen. 1919.
(HAStK Plan 2/950. Karthographische Überarbeitung C. Zingsheim. 1979)

Stadt-Wald
Braunsfeld
Maarweg
Frechener
Ehrenfeld
Lindenthal
Kloster
Städt. Friedhof
Melaten
Stadtwald
Gürtel
Opern haus
St. Apostel
Neumarkt
St. Gereon
Haupt-Güter-Bhf Gereon
Justiz-Gebäude
Haupt-Bhf.
Rheinau-Hafen
Rhein
Strom
Deutz
Flora

CÖLN a/RH.
ÜBERSICHTSPLAN
ARCHITEKT: HERMANN JANSEN

BERLIN W.35   M: 1:5000   NOV. 1919

Karte 13

Der Freiflächenplan für Köln von F. Schumacher. Um 1922.
(Repro. aus Schumacher, F.: Die rechtzeitige Eingemeindung, eine Vorbedingung der Großstadt-Reform, in: Deutsche Bauzeitung. Jg. 56. 1922. S. 214)

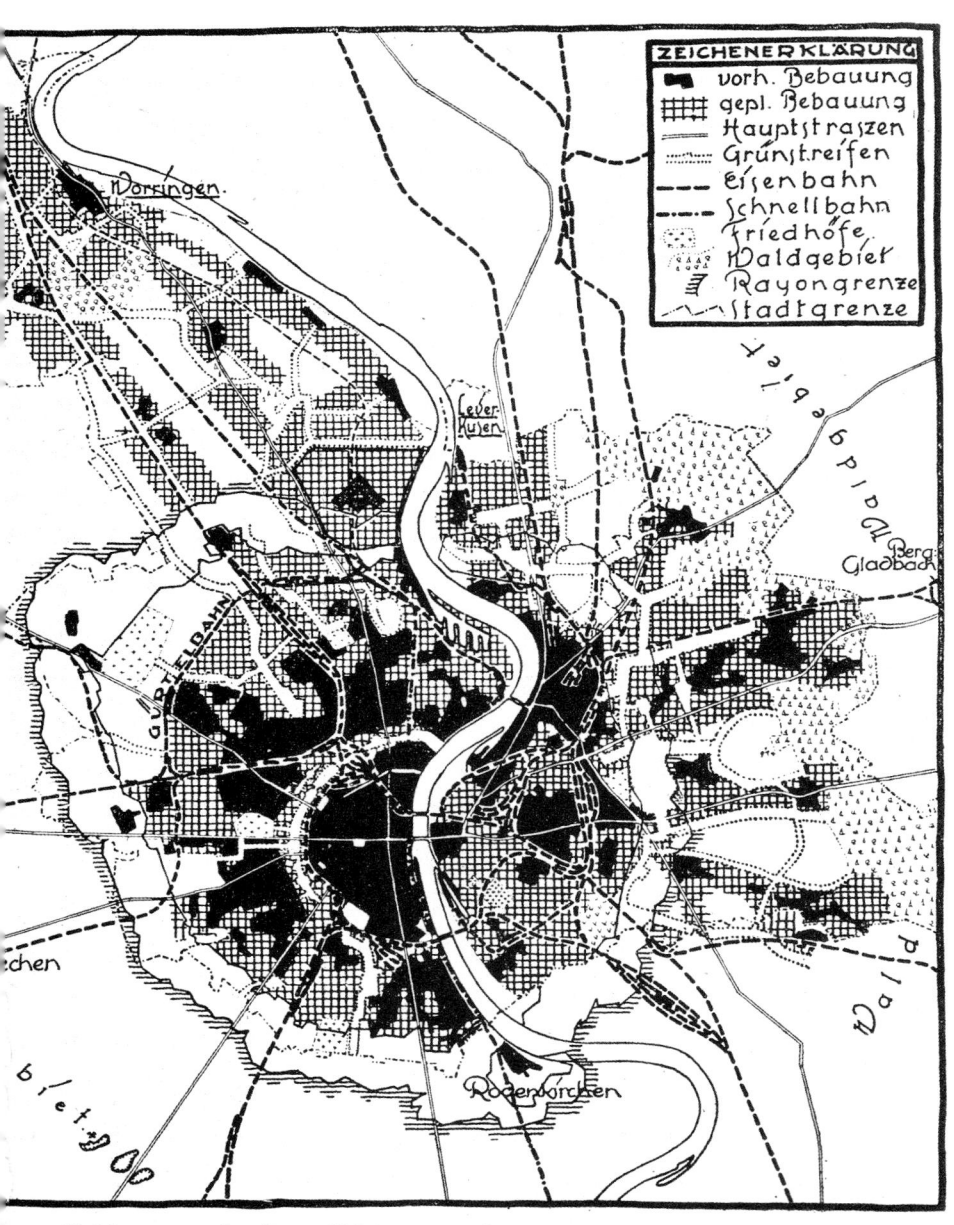

ZEICHENERKLÄRUNG
- vorh. Bebauung
- gepl. Bebauung
- Hauptstraszen
- Grünstreifen
- Eisenbahn
- Schnellbahn
- Friedhöfe
- Waldgebiet
- Rayongrenze
- Stadtgrenze

...on Köln nach der Eingemeindung von Worringen.

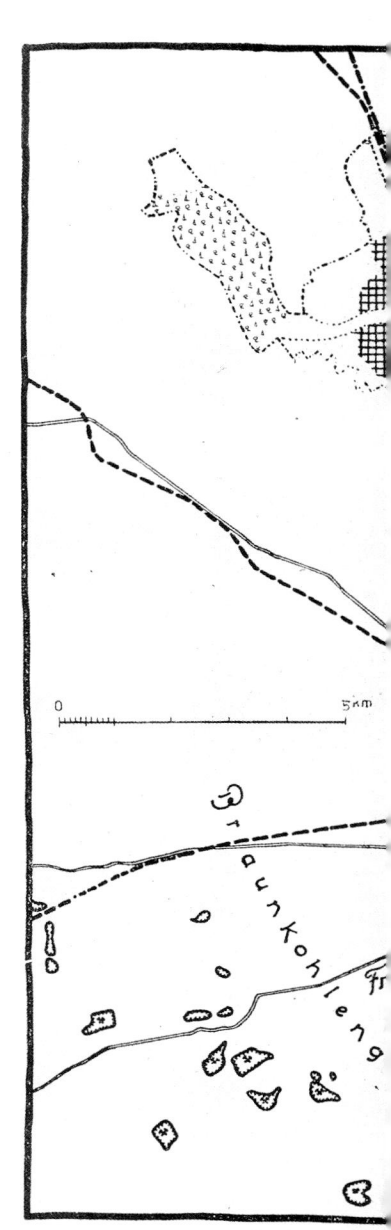

Die Besiedelung v

Karte 14

Das Kölner Grünsystem Fritz Schumachers. Um 1923.
(Repro. aus Schumacher, F.: Köln. Entwicklungsfragen einer Großstadt. 1923. S. 112)

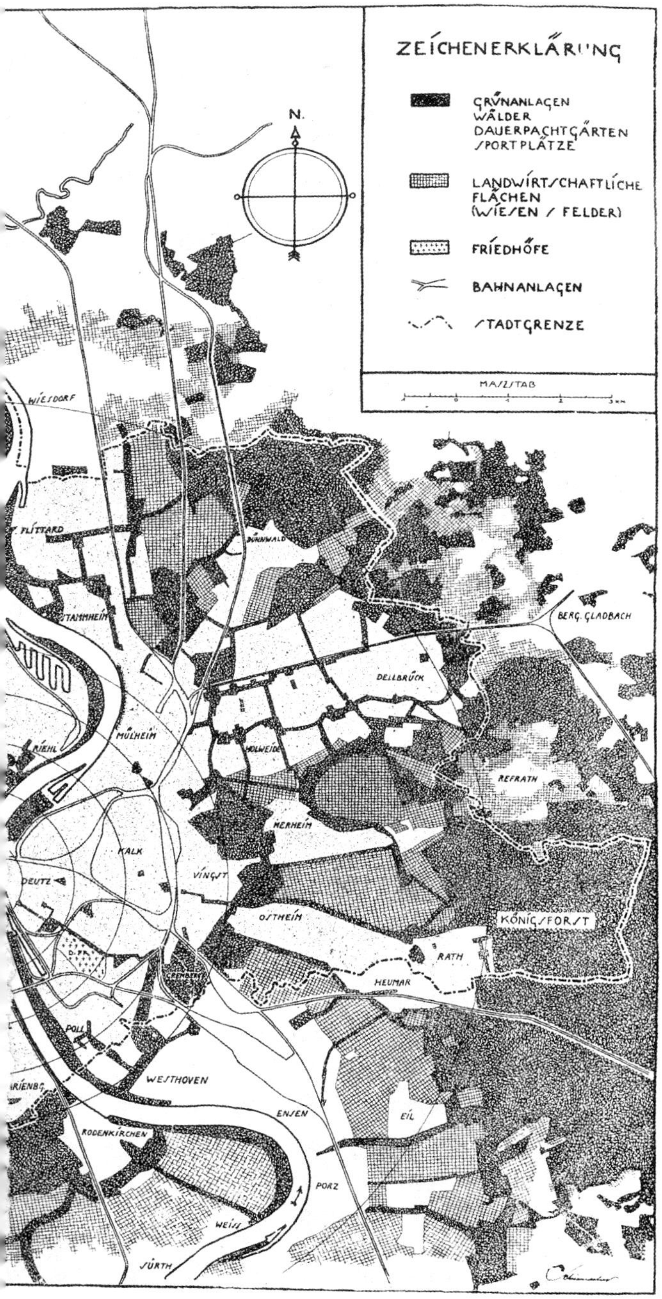

ZEICHENERKLÄRUNG
GRÜNANLAGEN
WÄLDER
DAUERPACHTGÄRTEN
SPORTPLÄTZE
LANDWIRTSCHAFTLICHE
FLÄCHEN
(WIESEN / FELDER)
FRIEDHÖFE
BAHNANLAGEN
STADTGRENZE
MASSTAB
N.
WIESDORF
FLITTARD
DÜNNWALD
STAMMHEIM
BERG. GLADBACH
DELLBRÜCK
MÜLHEIM
RIEHL
HOLWEIDE
REFRATH
MERHEIM
KALK
DEUTZ
VINGST
OSTHEIM
KÖNIGSFORST
RATH
HEUMAR
POLL
WESTHOVEN
ENSEN
EIL
RODENKIRCHEN
PORZ
WEISS
SÜRTH

DORMAGEN
WORRINGEN
CHORBUSCH
ROGGENDF.
WORRINGER BUSCH
LANGEL
FÜHLINGEN
MERKENICH
NEUES-INDUSTRIEGEBIET
LONGERICH
NIEHL
FLUGPLATZ
MERHEIM
NIPPES
BICKENDORF
EHRENFELD
WEIDEN
MÜNGERSDORF
BRAUNSFELD
KÖLN
LINDENTHAL
FRECHEN
SÜLZ
ZOLLSTOCK
EFFEREN
RONDORF
FORST-VILLE

Karte 15

Köln. Plan des Freiflächennetzes von W. Arntz. Um 1928.
(Repro. aus Denkschrift über die Durchführung des Kölner Grünflächenplanes. 1928. HAStK 902/186/2 Blatt 1079)

FREIFLÄCHENNETZES

KÖLN PLAN DES

- 500 M. EINFLUSZZONE DER ÖFFENTLICHEN GRÜNFLÄCHEN
- WÄLDER
- ÖFFENTLICHE GRÜNFLÄCHEN
- KLEINGÄRTEN
- DAUERFLÄCHEN FÜR LANDWIRTSCHAFT
- FRIEDHÖFE
- WASSERFLÄCHEN

MASZSTAB

Karte 16

Vorhandene und geplante Grünflächen der Stadt Köln. 1927.
(Bestand Grünflächenamt Köln)

VORHANDENE UND GEPLANTE GRÜNFLÄCHEN DER STADT KÖLN.

▬ BESTEHENDE UND GEPLANTE DAUERKLEINGÄRTEN

Köln, im Mai 1927.

Garten-Direktor

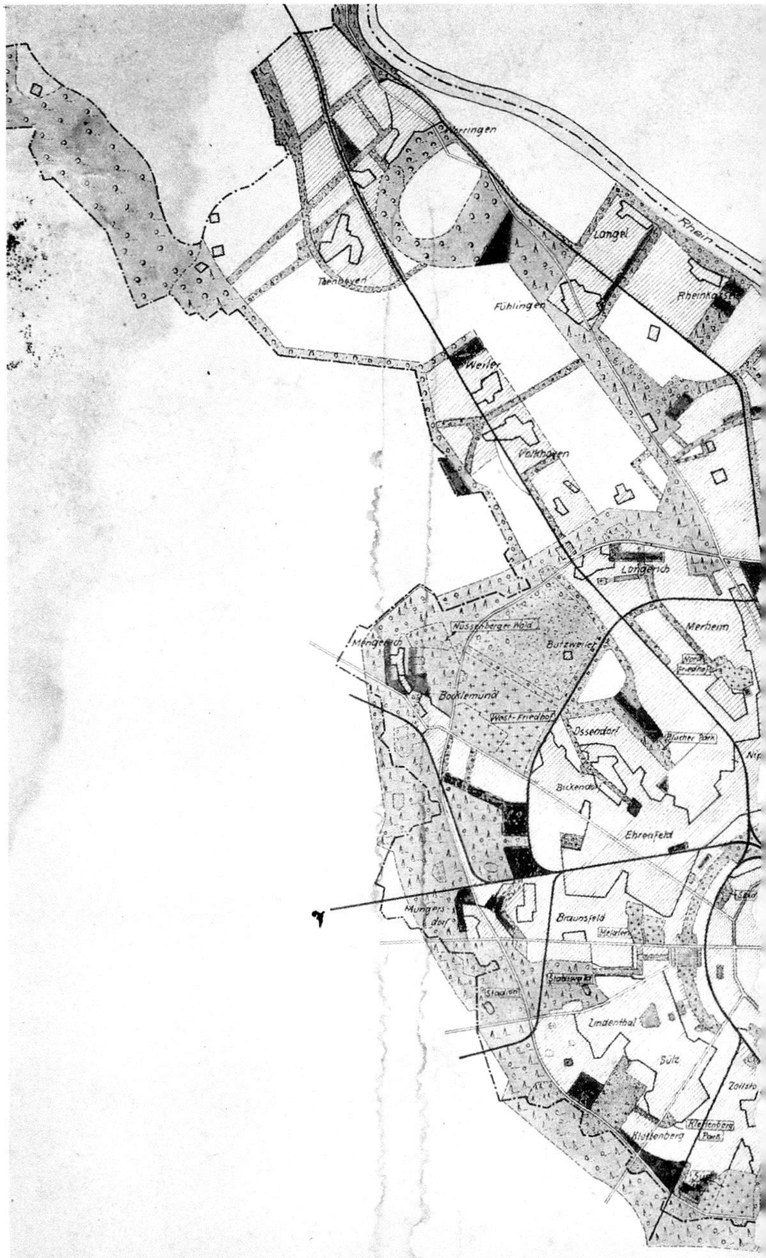

Rhein
Langel
Fühlingen
Weiler
Volkhoven
Longerich
Merheim
Butzweiler
Bocklemünd
West-Friedhof
Ossendorf
Blücher Park
Bickendorf
Ehrenfeld
Müngers-
dorf
Braunsfeld
Stadion
Lindenthal
Sülz
Klettenberg
Park
Klettenberg

Karte 17

F. Enckes Grünplanung im linksrheinischen Köln. Um 1925.
(Bestand Grünflächenamt Köln)

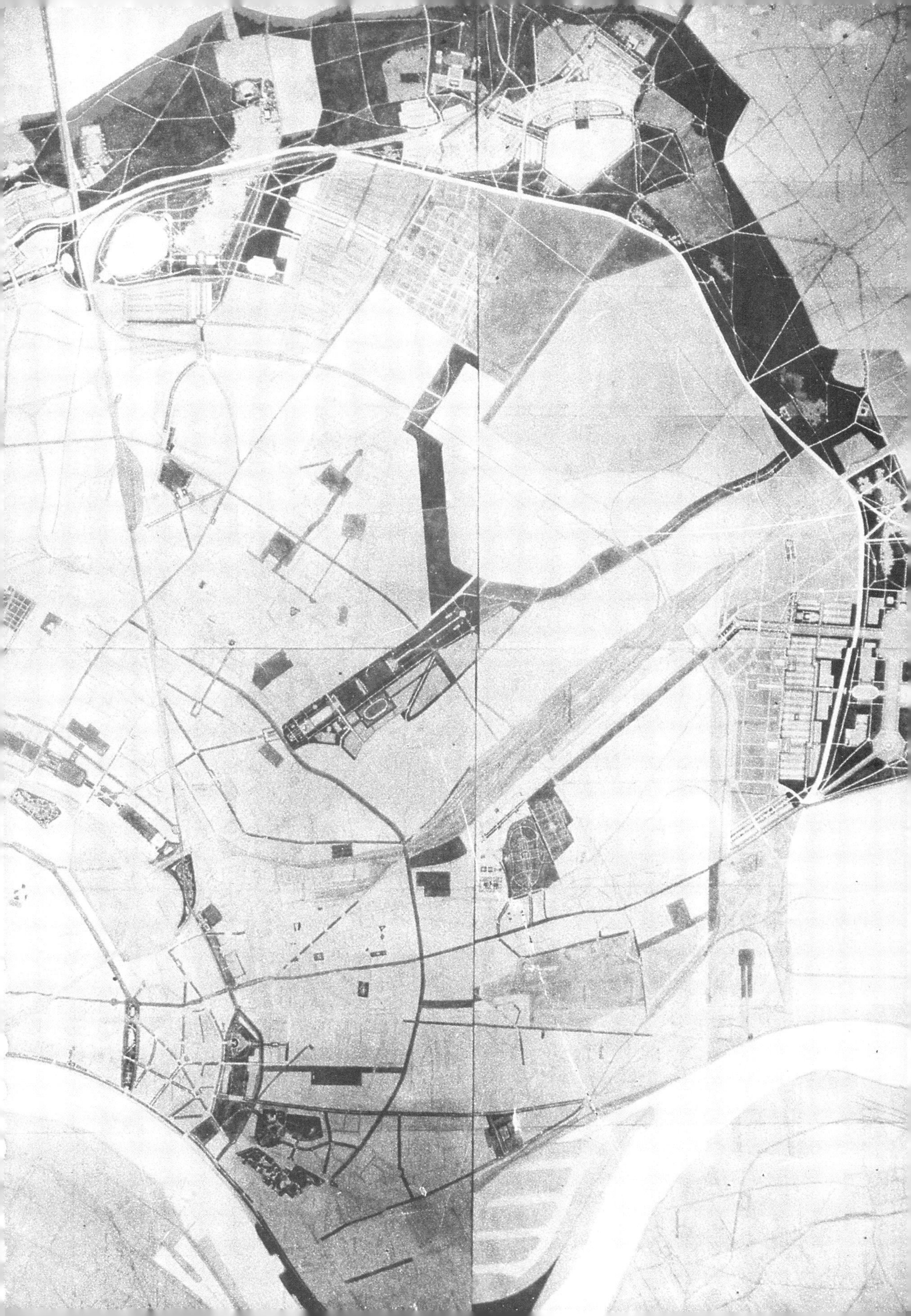

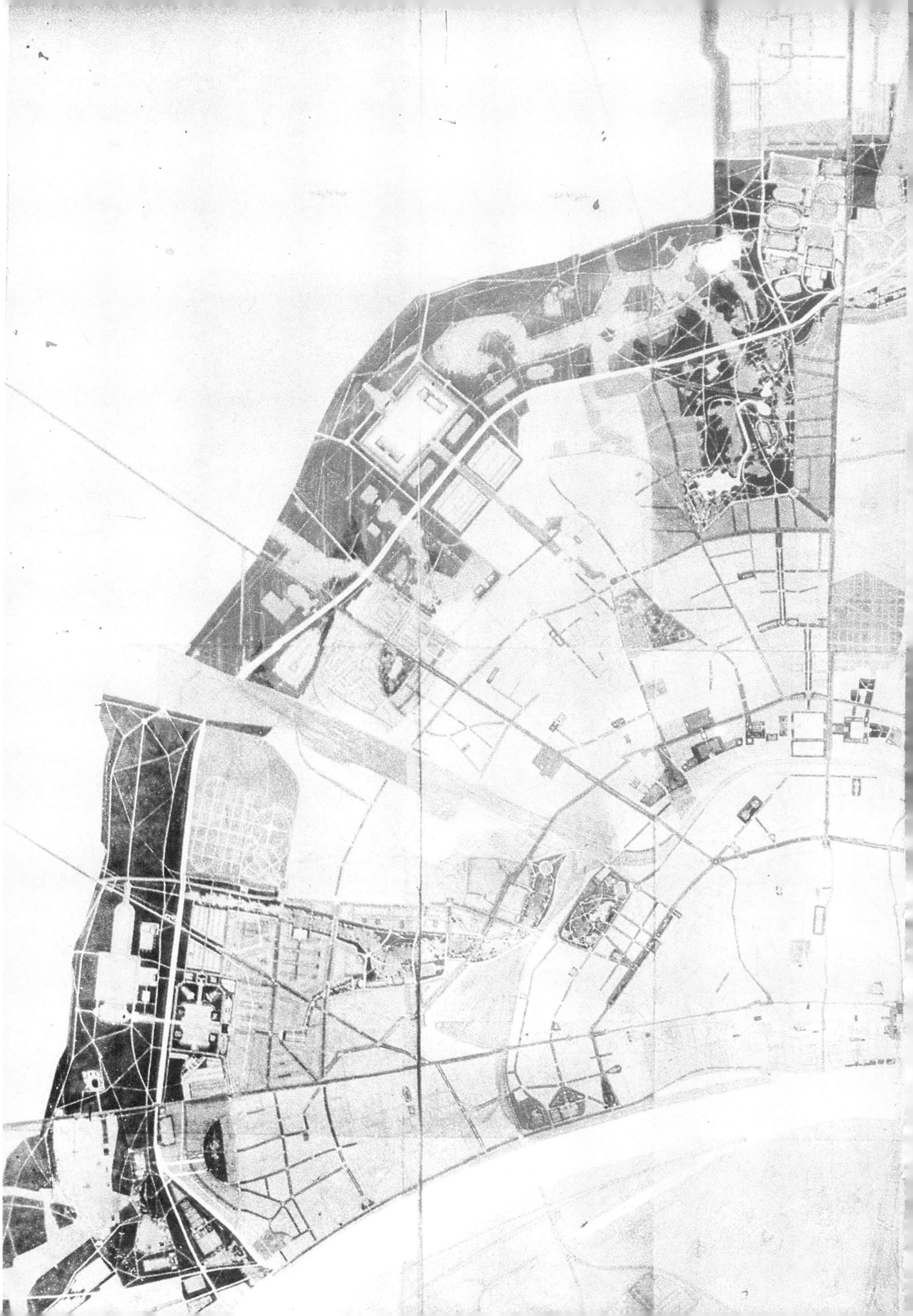

Karte 18

Planentwurf für den Äußeren linksrheinischen Grüngürtel von Th. Nußbaum. 1928.
(HAStK Plan 2/1066)

KÖLN, IM JUNI 1928
STADTBAURAT

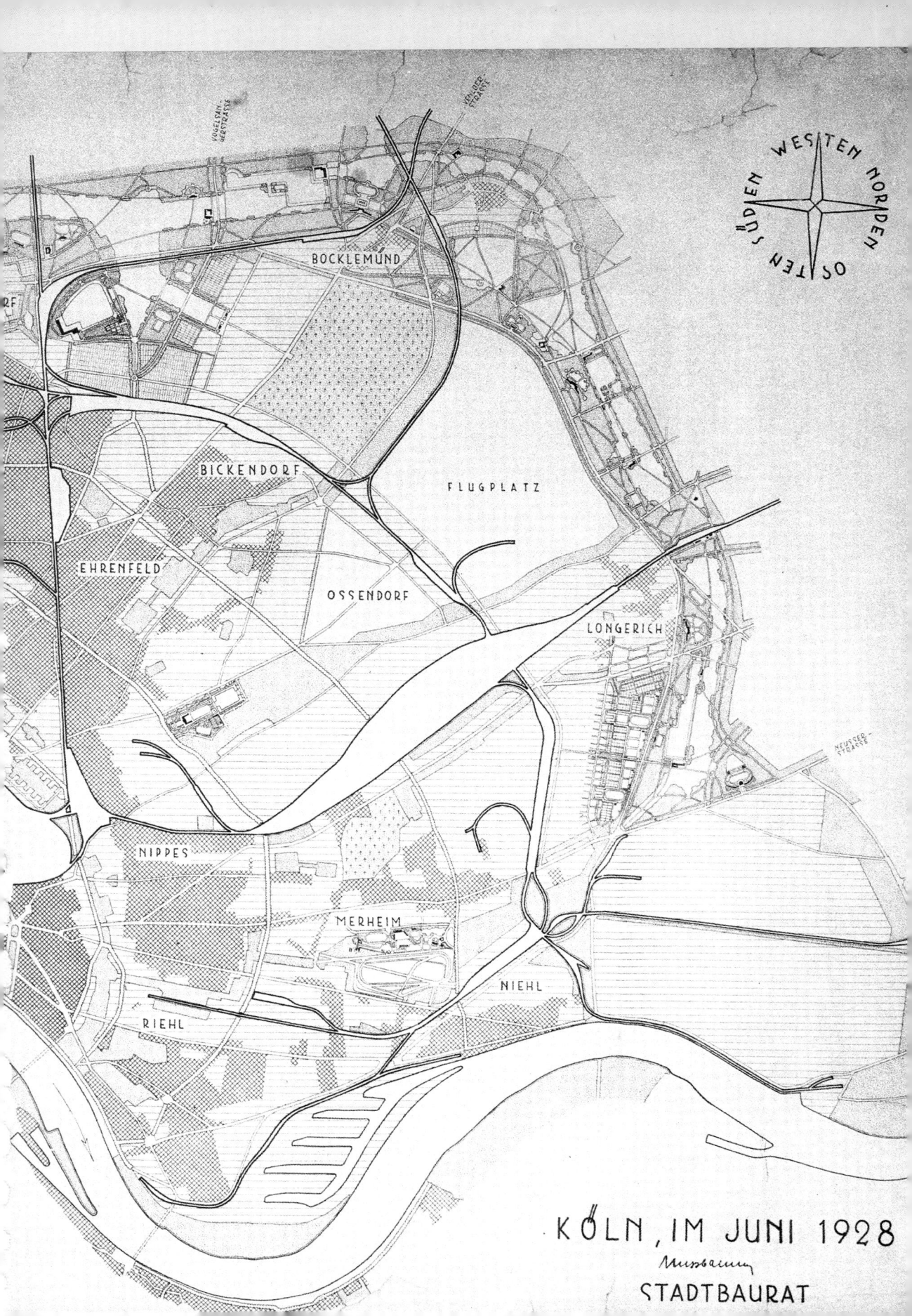

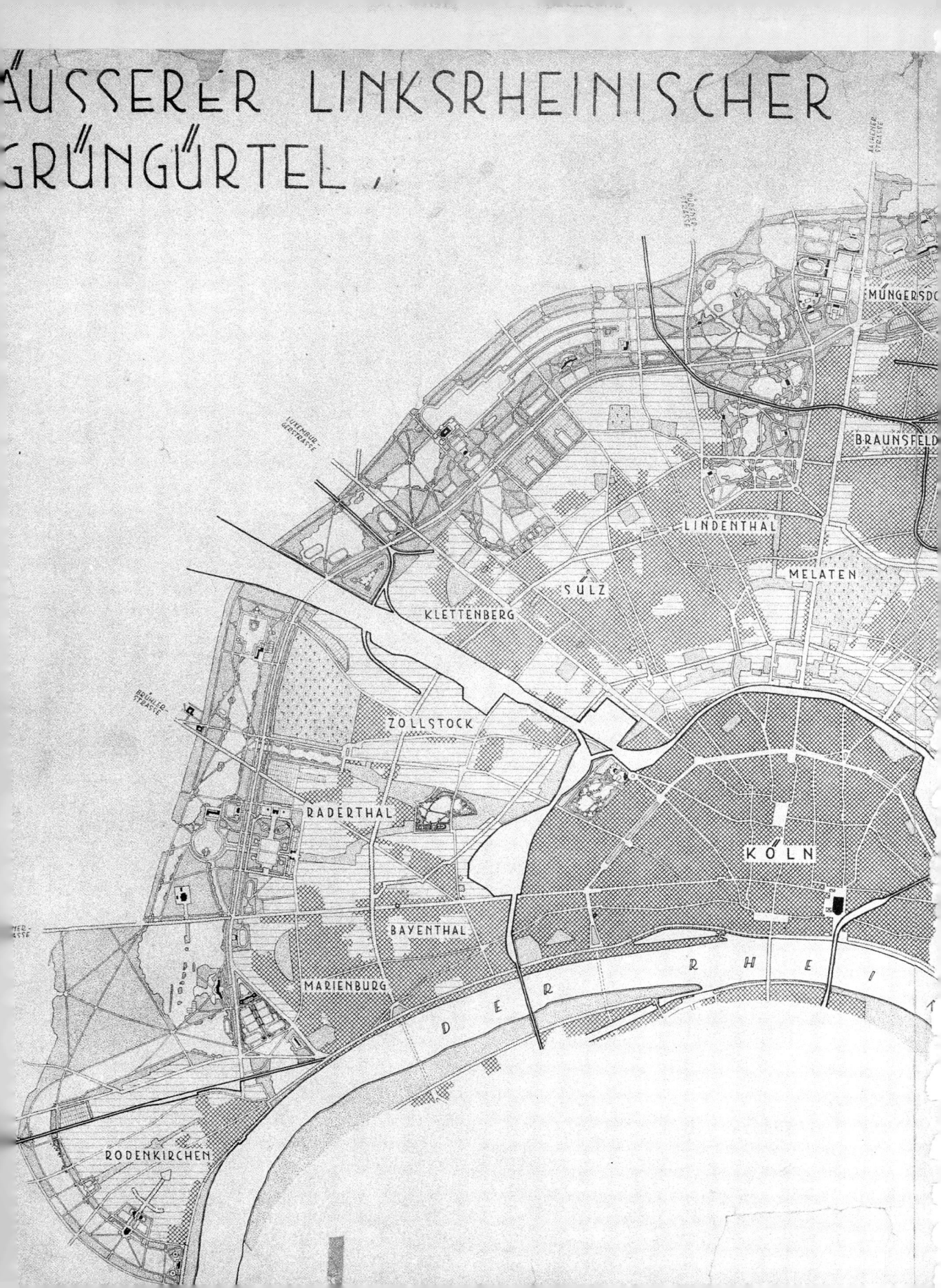

ÄUSSERER LINKSRHEINISCHER GRÜNGÜRTEL

Karte 19

Grünflächenplan der Stadt Köln zur Erinnerung an die Fertigstellung des südlichen Teiles des großen linksrheinischen Grüngürtels. 1929.
(Bestand Grünflächenamt Köln)

DT KÖLN
ÄCHEN-PLAN

...lichen Teiles des großen linksrheinischen Grüngürtels.

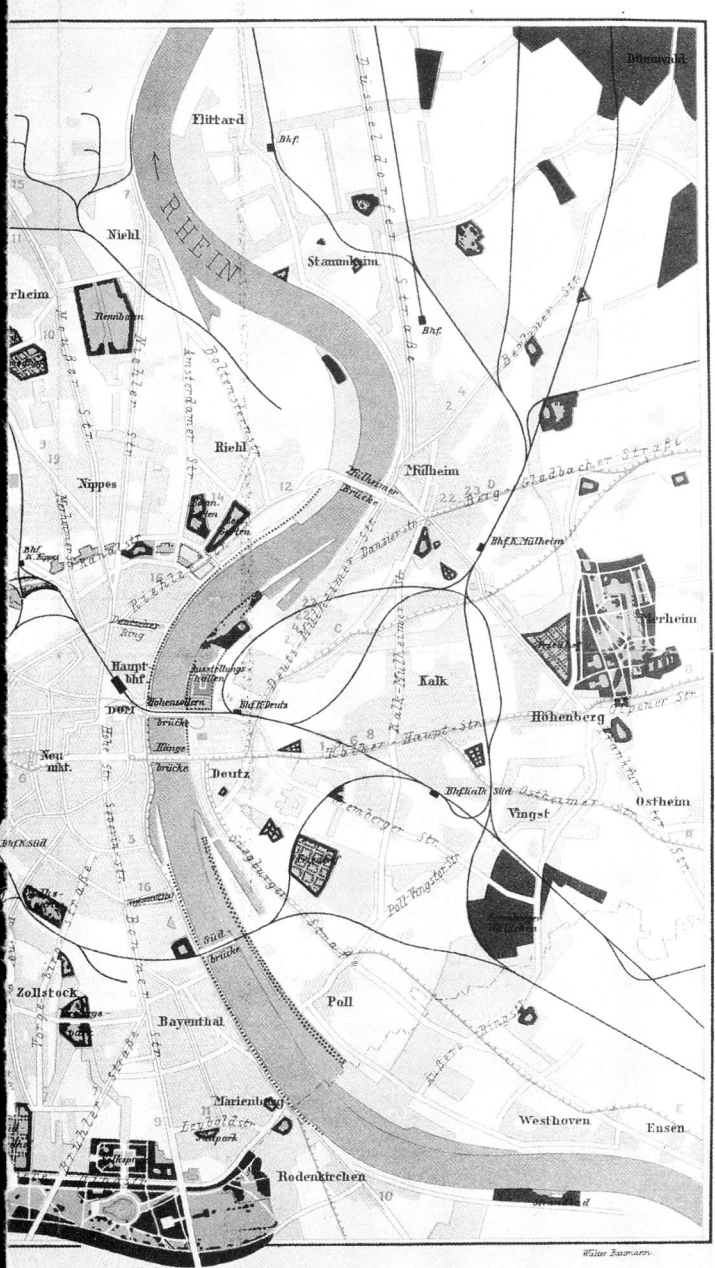

...ußeren Grüngürtels 3500 ha

Im rechtsrheinischen Stadtgebiet:

geplant	1120	ha
im Bau	175	,,
darunter:		
Wasserflächen	15	ha
Wald	60	,,
Wiesen	40	,,
Fußwege	25	km
Radwege	1,5	,,

STAD[T]
GRÜNFLÄ[CHEN]

zur Erinnerung an die Fertigstellung des sü[d...]

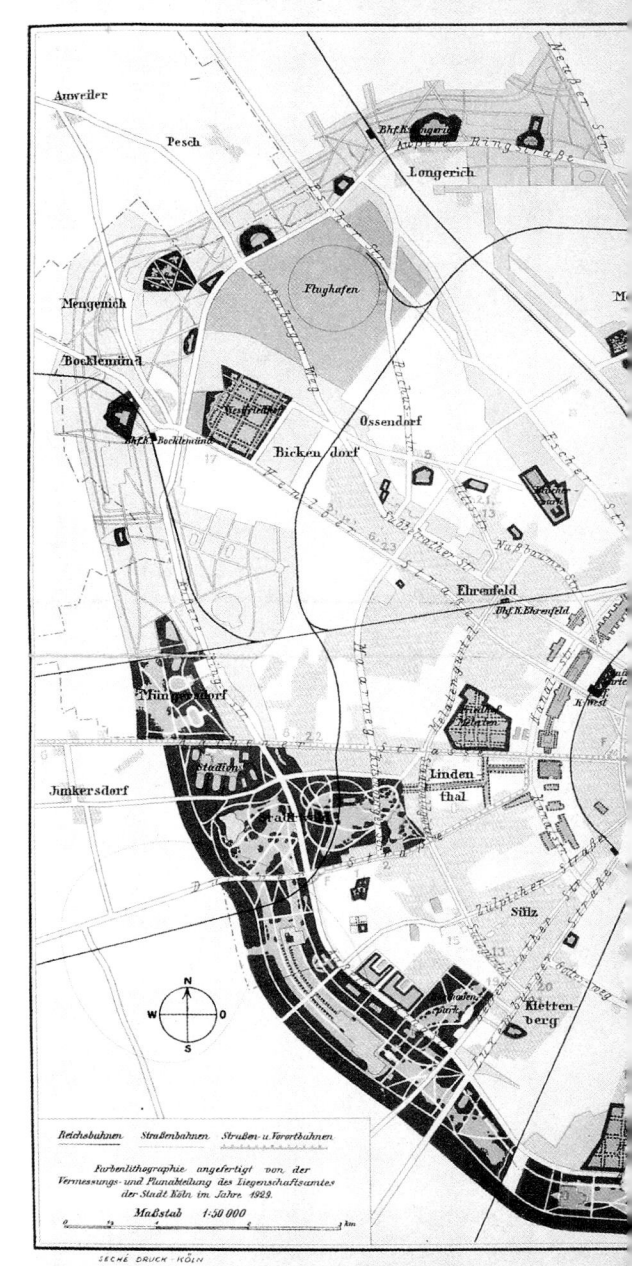

Reichsbahnen. Straßenbahnen. Straßen- u. Vorortbahnen.

Farbenlithographie angefertigt von der Vermessungs- und Planabteilung des Liegenschaftsamtes der Stadt Köln im Jahre 1929.

Maßstab 1:50 000

LECHÉ DRUCK KÖLN

Gesamtfläche des [...]

Im linksrheinischen Stadtgebiet:

geplant	2400 h[a]
fertiggestellt	930 „
darunter:	
Wasserflächen	42 ha
Wald	400 „
Wiesen	300 „
Fußwege	130 km
Radwege	10 „
Reitwege	10 „

Karte 20

Luftbild von Köln.
Unten: rechtsrheinisches Köln mit Teilen des Äußeren Grüngürtels (Merheimer Heide u. a.), oben: linksrheinisches Köln mit Innerem und Äußerem Grüngürtel.
(Hansa Luftbild vom 8. 7. 1971. Bildnr. 71585.
Freigabe Reg. Präs. Münster Nr. 4117/71)

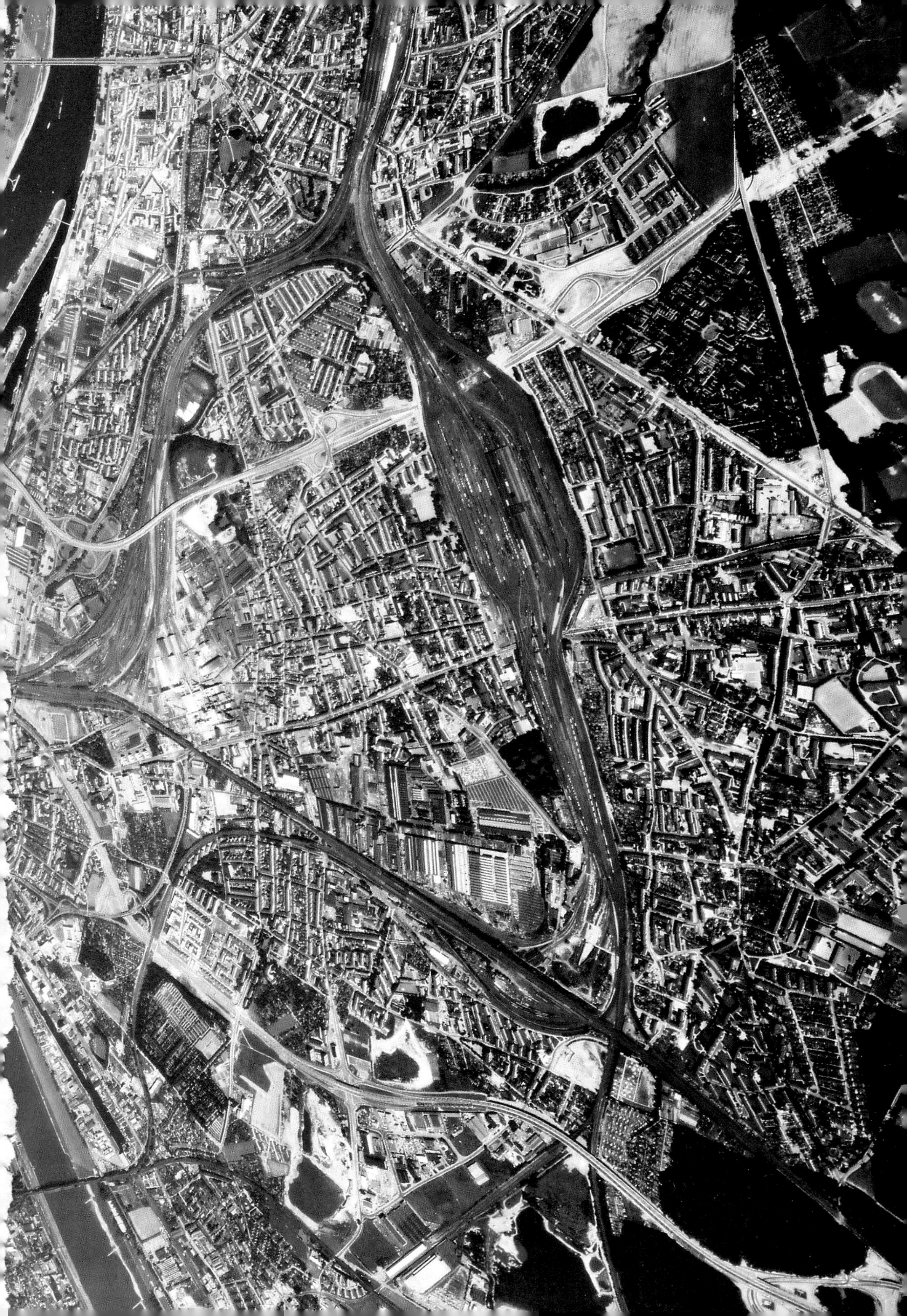

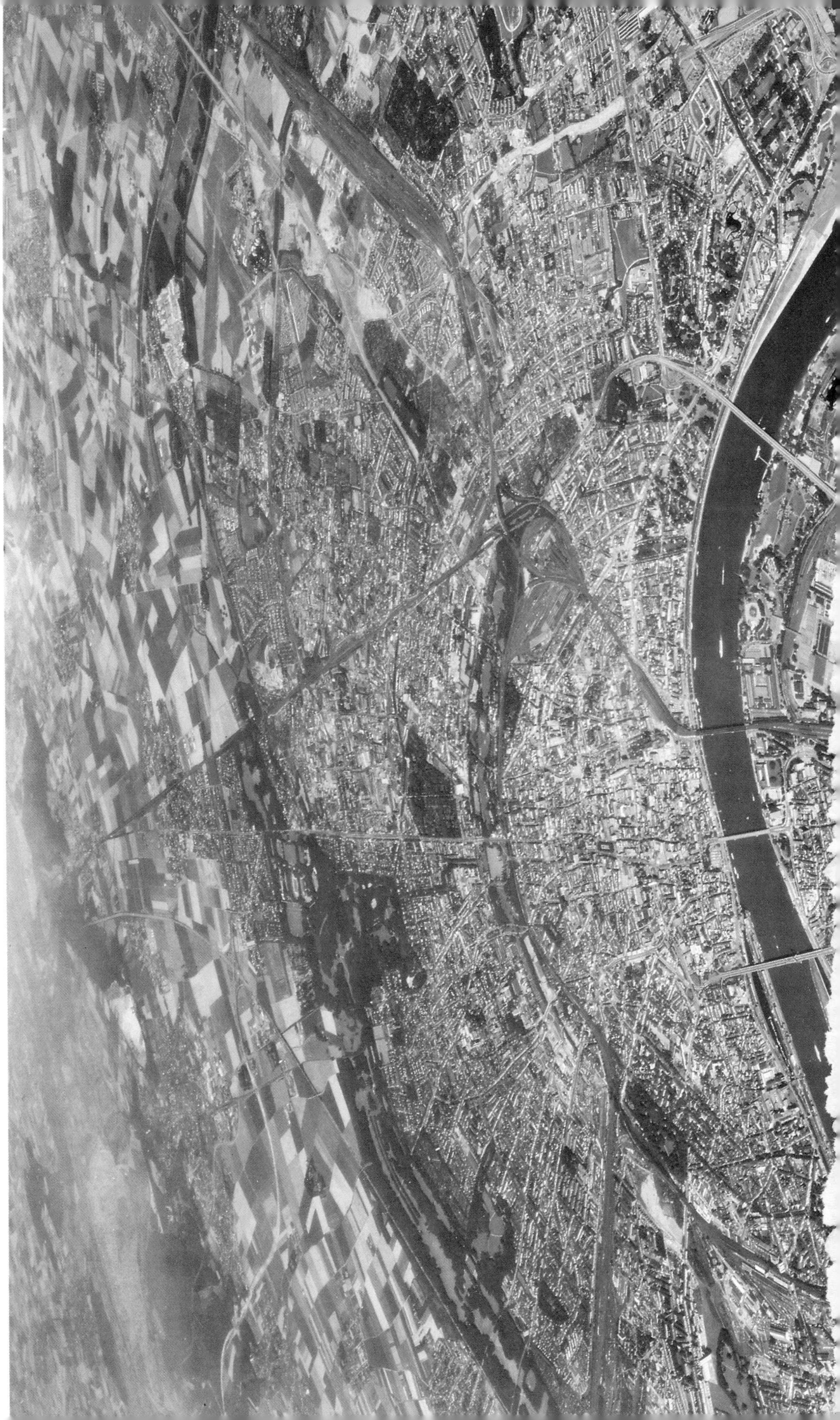

Karte 21

Luftbild von Köln.
Links: linksrheinisches Köln mit Innerem Grüngürtel und südlichem Abschnitt des Äußeren Grüngürtels einschließlich der Umschließung von Rodenkirchen,
rechts: rechtsrheinischer Äußerer Grüngürtel.
(Hansa Luftbild vom 21. 9. 1971. Bildnr. 71624.
Freigabe Reg. Präs. Münster Nr. 364/72)

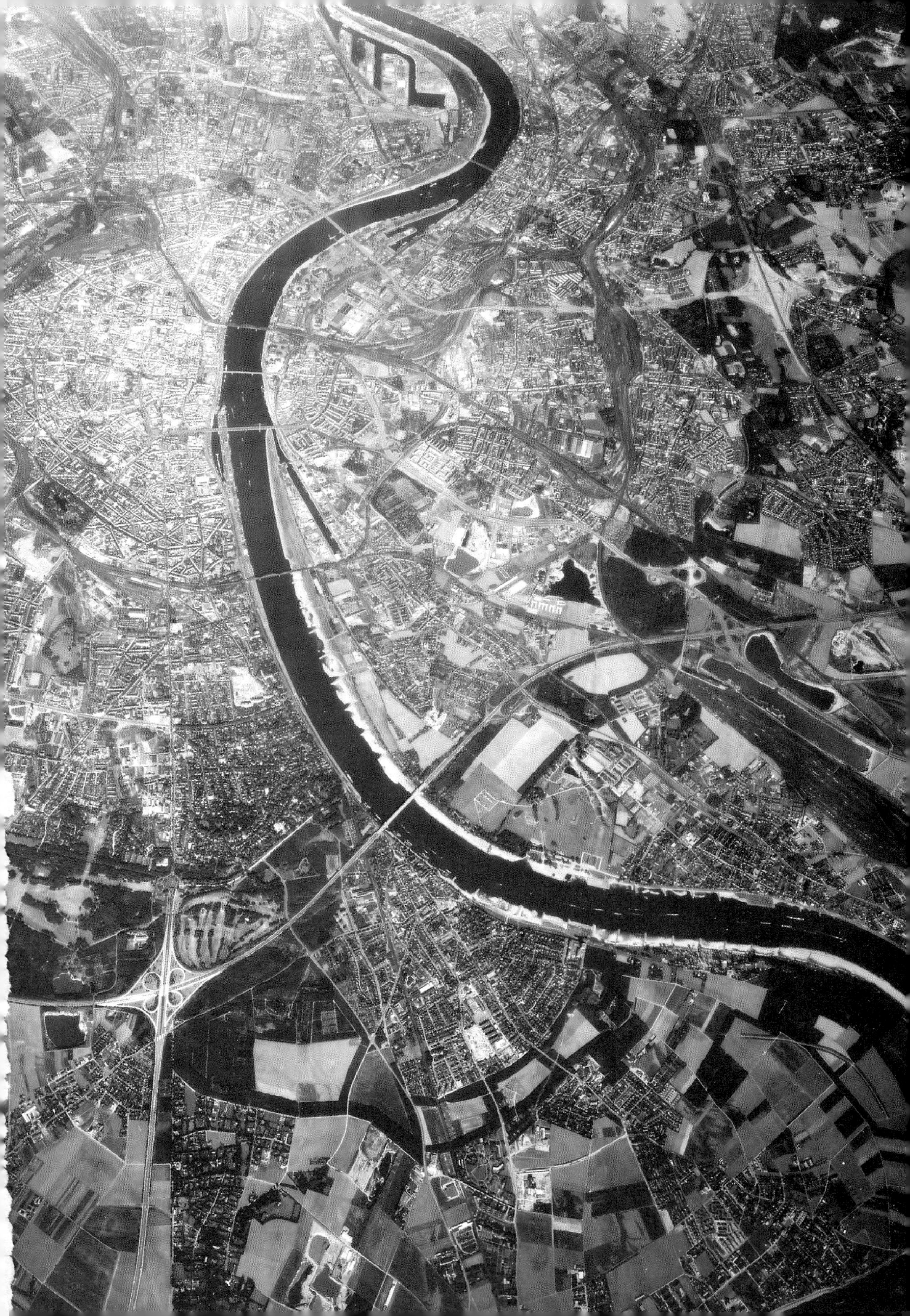

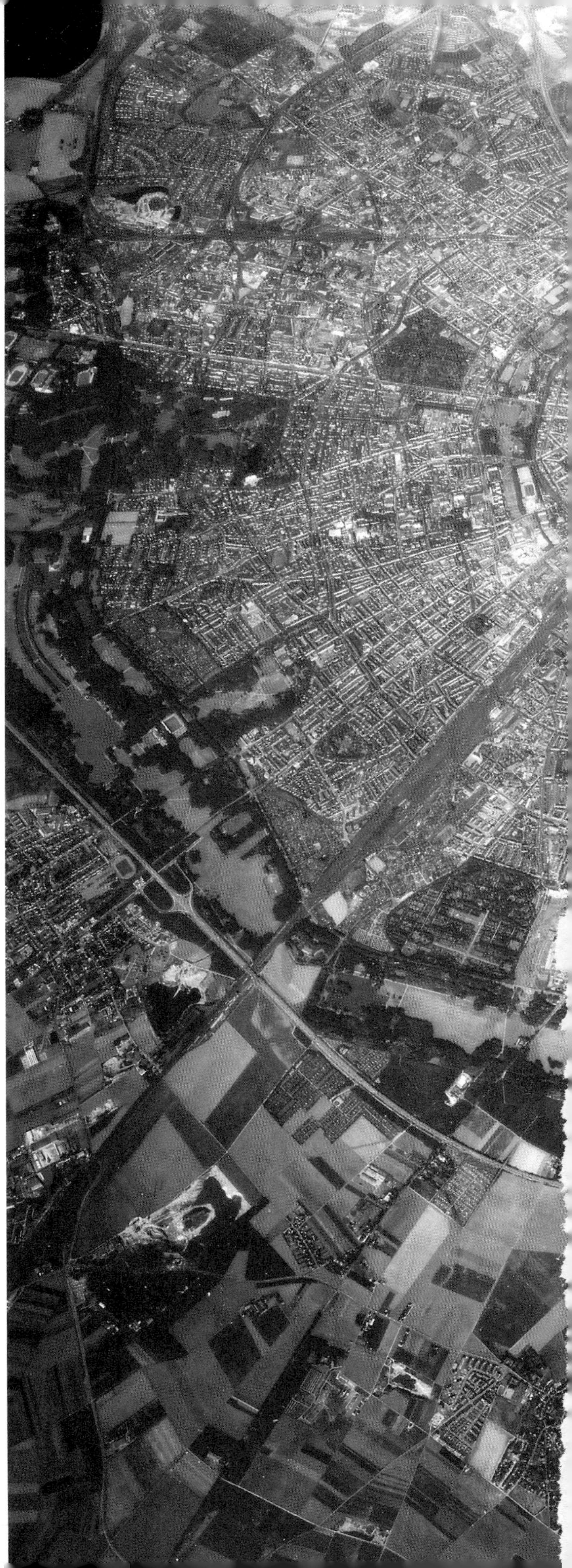

Karte 22

————	Öffentliche Grünflächen	21	Asberg Platz
— — —	Kleingärten (nicht öffentlich)	22	Christine-Teusch-Platz
....	Verkehrskreuz	23	Grüner Hof
† † †	Friedhöfe	24	Finkenplatz
1	Heumarkt	25	Georgsplatz
2	Alter-Markt	26	Wallrafplatz
3	Neumarkt	27	Kolpingplatz
4	Gereonsdriesch	28	Bismarcksäule
5	Rathenauplatz	29	Genovevaplatz
6	Hansaplatz	30	Hindenburgpark
7	Brüsseler Platz	31	Römerpark
8	Von-Sandt-Platz	32	Humboldtpark
9	Reischplatz	33	ehem. Friedhof Deutz
10	Kalker Stadtgarten	34	ehem. Friedhof Kalk
11	Karl-Schwering-Platz	35	Südpark
12	De-Noël-Platz	36	ehem. Friedhof
13	Leipziger Platz	37	Kleingärten
14	Erzberger Platz	38	Bezirkssportanlage
15	Hültzplatz	39	Mülheimer Stadtgarten
16	Lortzingplatz	40	Deutzer Stadtgarten u. jüd. Friedhof
17	Nikolausplatz	41	Schloßpark Stammheim
18	Honnefer Platz	42	Pfeiffersche Gärten
19	Manderscheider Platz	43	Stadtgarten
20	Münstereifeler Platz	44	Klettenbergpark

Kölner Grünflächen auf historischer Planung aufbauend, heutiger Bestand.
(Kartographische Bearbeitung C. Zingsheim.
Veröffentlicht mit Genehmigung des Landesvermessungsamts NRW. Genehmigungsnr. D 6346, Genehmigungsdatum 11. 10. 1979)

KALK
HOHENBERG
34
33
12
FORT
DEUTZ
HUMBOLDT
40
GREMBERG
GREM-
BERGER
WÄLDCHEN
ZW.W.
IX
WESTHOVEN
ENSEN
RHEIN
RHEIN
RHEINAUEN
ÄUSSERER GRÜNGÜRTEL
Rodenkirchen

AUE
RHEINAUEN
MÜLHEIM
MÜLHEIMER HAFEN
FORT XI
BUCHHEIM
BUCHFORST
STRUNDERBACHAUEN
MER-
HEIMER
HEIDE

RHEIN-
AUEN
RENN-
BAHN
NORD-
FRIEDHOF
23
24
WEIDENPESCH
NIEHL
MAUENHEIM
14
13
BLÜCHER
PARK
NEU-EHRENFELD
GRÜNZUG NORD
BOTAN. GARTEN
FLORA
ZOOLOG. GARTEN
FORT 10
ALHAMBRA
GRÜNGÜRTEL
TH. HEUSS-RING
RHEINPARK
38

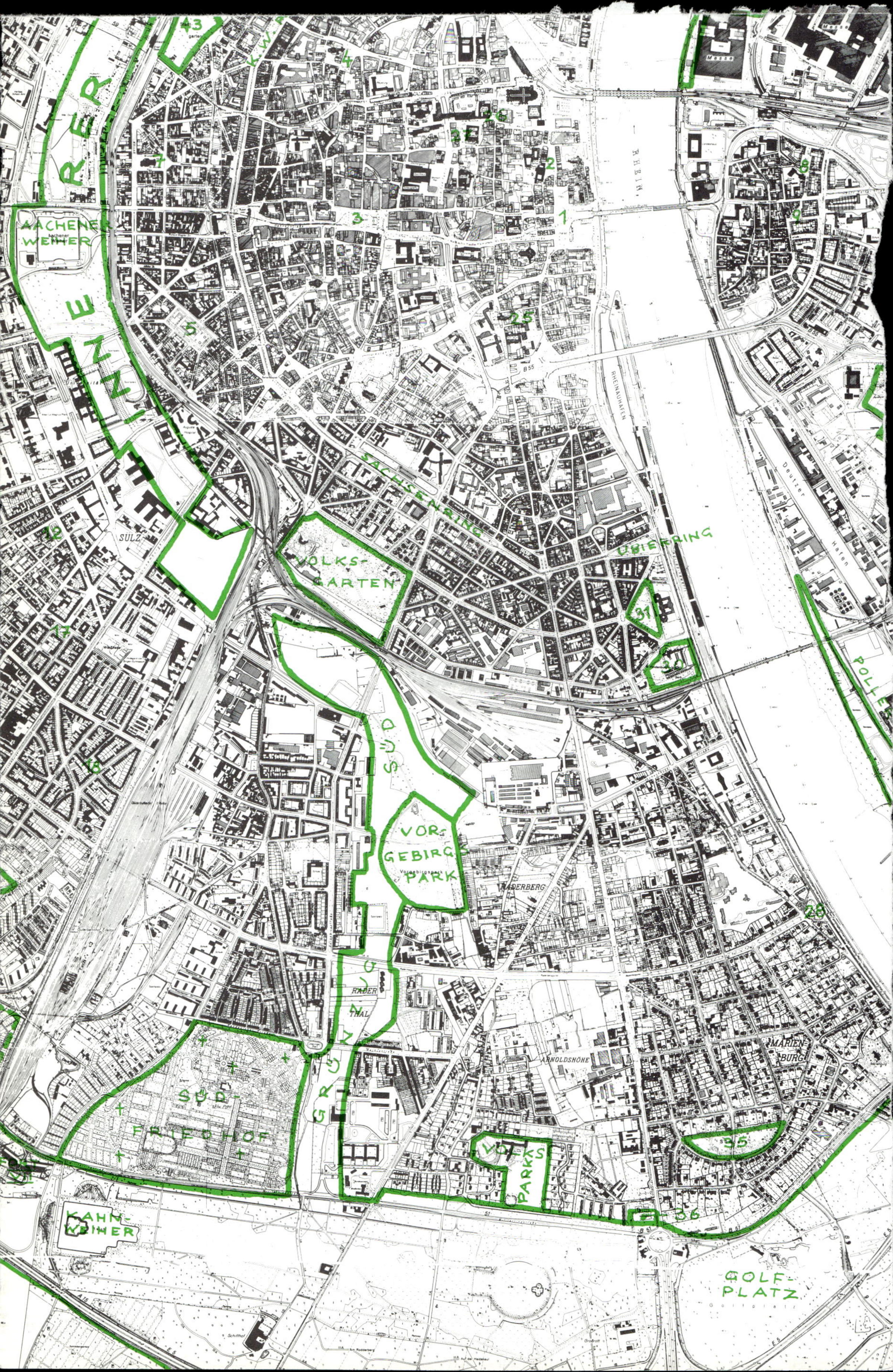

PARK BEETHOVEN DECKSTEINER WEIHER LINDENTHAL STADT-WALD ADENAUER WEIHER FRIEDHOF MELATEN

GÜRTEL
LONGERICH
BOCKLEMÜND MENGENICH
WEST-FRIEDHOF
FORT IV
KLEIN-GARTEN
OSSENDORF
42
TAKU-FELD
VOGELSANG
BICKENDORF

Karte 23

Planentwurf für das Umlegungsgebiet im inneren Festungsrayon der Stadt Köln von P. Bonatz. 1920.
(Repro. aus Bonatz, P.: Vorschlag für die Bebauung des Umlegungsgebietes im inneren Festungsrayon der Stadt Köln, in: Städtebau. Jg. 17. 1920. H. 5/6. Taf. 27/28)

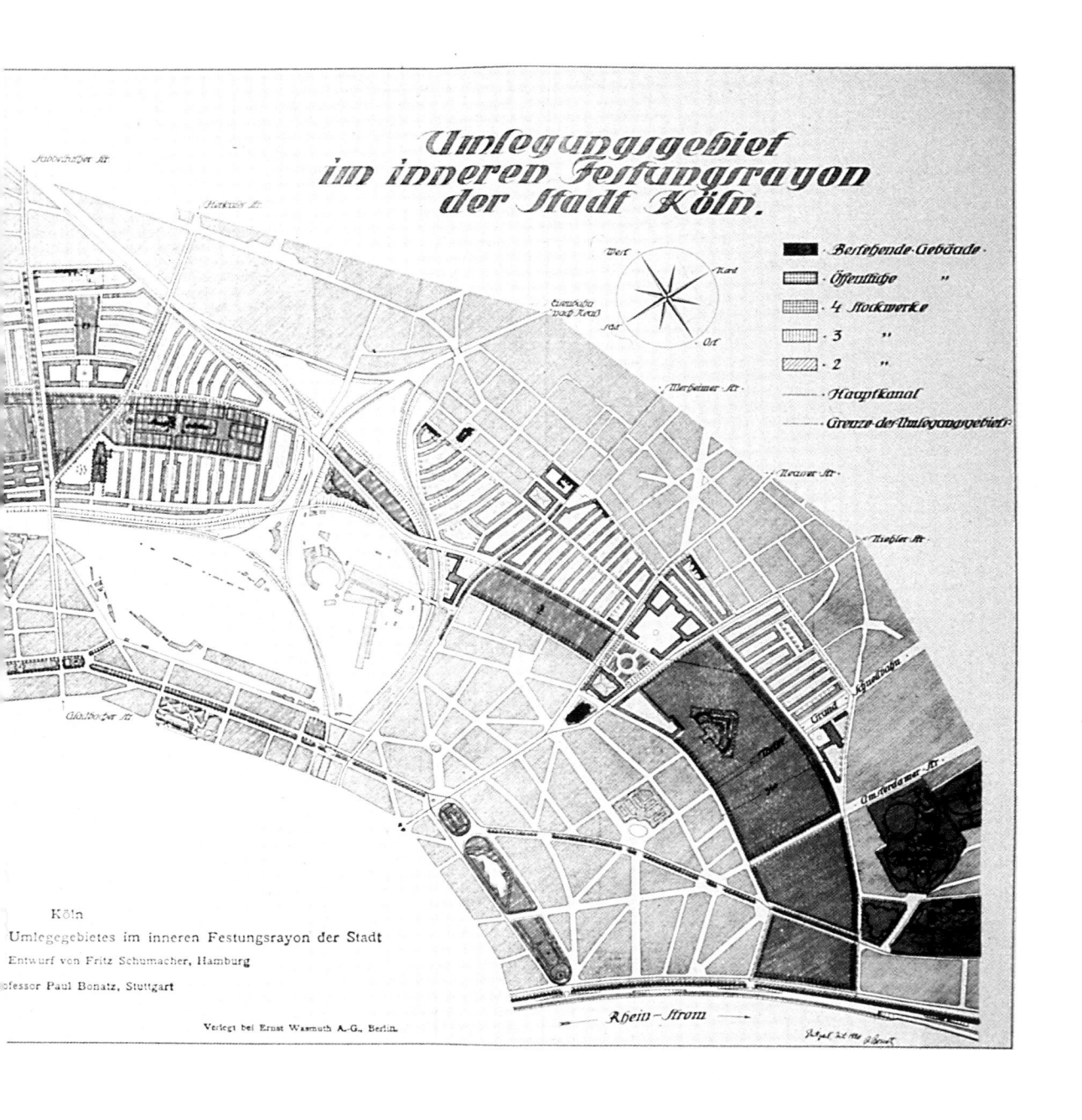

Umlegungsgebiet im inneren Festungsrayon der Stadt Köln.

Köln
Umlegegebietes im inneren Festungsrayon der Stadt
Entwurf von Fritz Schumacher, Hamburg
Professor Paul Bonatz, Stuttgart

Verlegt bei Ernst Wasmuth A.-G., Berlin.

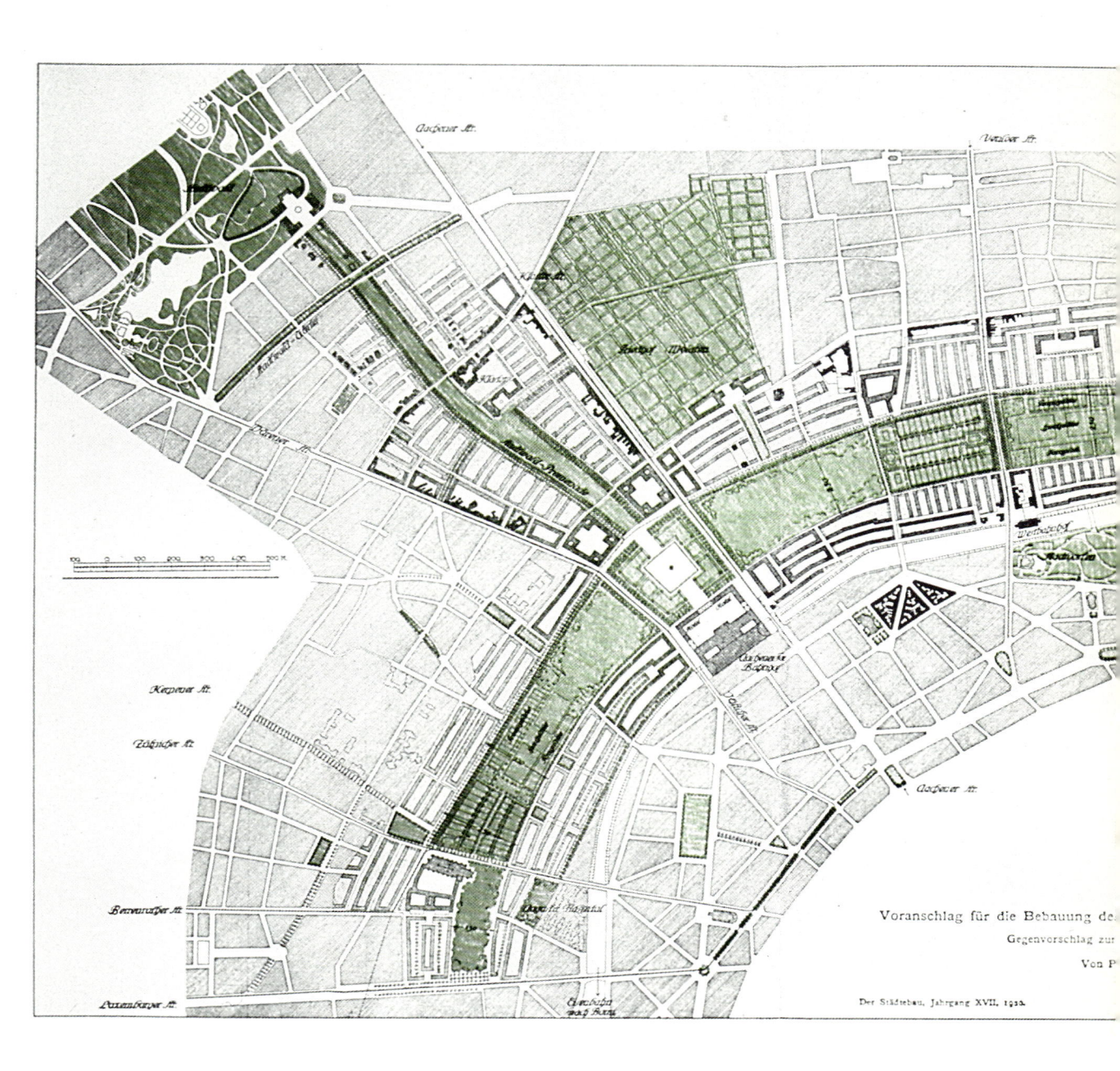

Voranschlag für die Bebauung de...

Gegenvorschlag zur...

Von P...

Der Städtebau, Jahrgang XVII, 1920.

Karte 24

Plan für das Umlegungsgebiet im inneren Festungsrayon der Stadt Köln von F. Schumacher. 1923.
(Repro. aus Schumacher, F.: Köln. Entwicklungsfragen einer Großstadt. 1923. Beilage)

PLAN FÜR DAS UMLEGUNGSGEBIET DES EHEMALIGEN FESTUNGSRAYONS DER STADT KÖLN.

Ausnahmeklasse
Öffentliche Gebäude

Bauklassen.

- Ic
- Ie
- IIa
- IIc
- IIIc
- IVa-b
- Va-c
- Erdgeschoß ohne Dach

…wicklungsfragen einer Großstadt (Saaleck-Verlag, Köln).

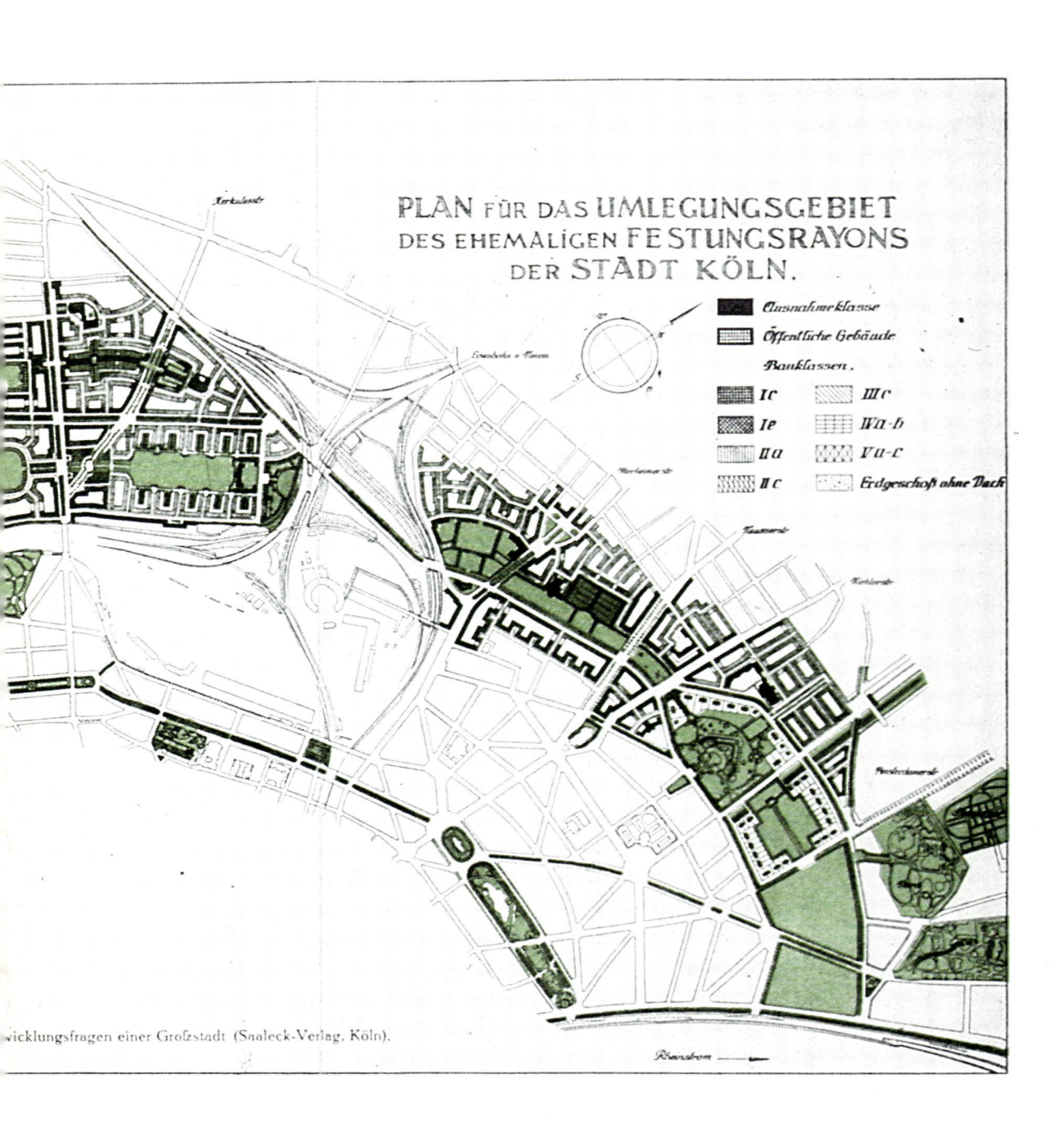

Zu: Schumacher · Köln · En

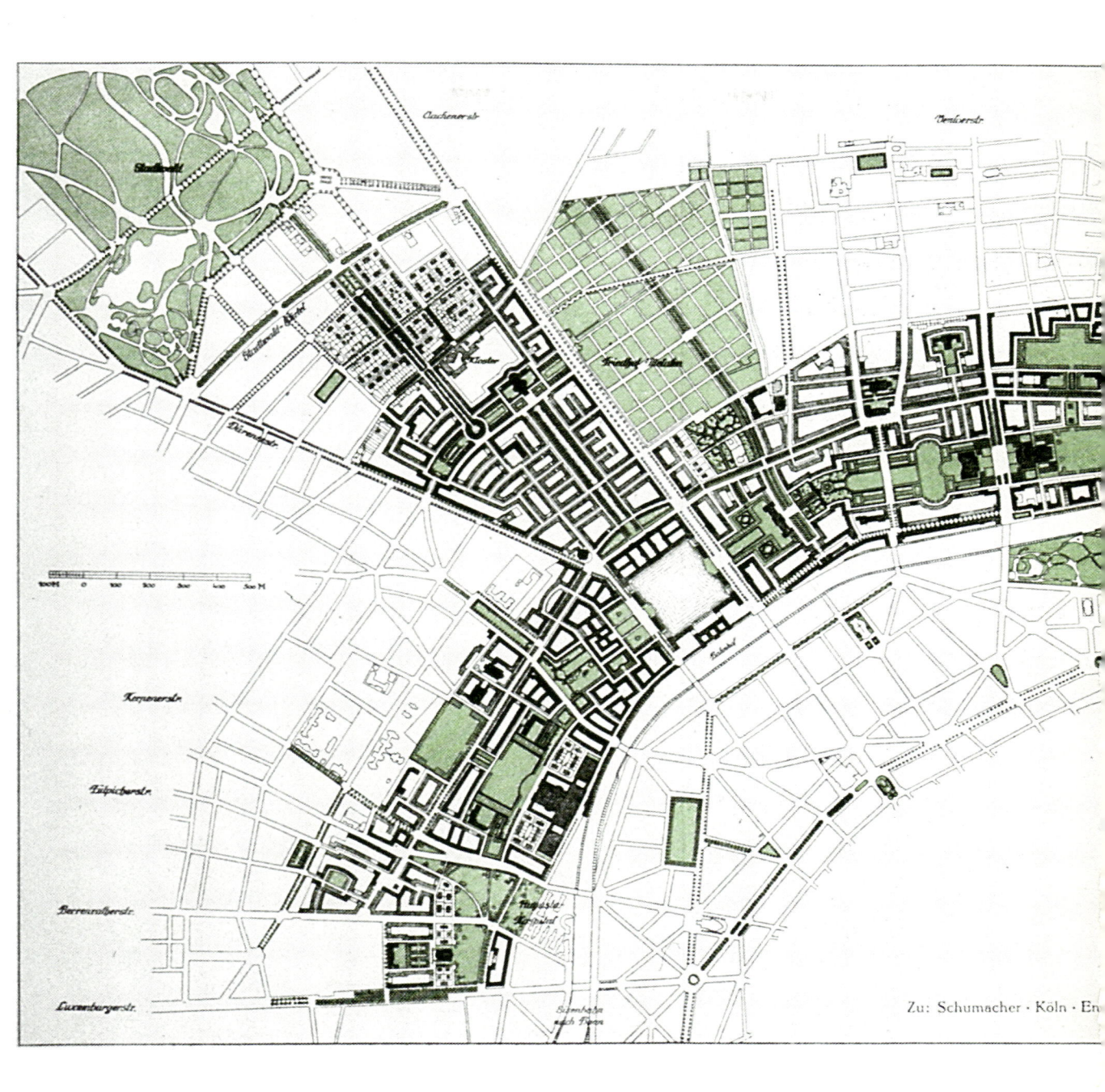